우리 아이 빵빵 시리즈 5

바로 알고, 바로 쓰는
빵빵한 사자성어

글·현상길
그림·박빛나

도서출판 예쁨

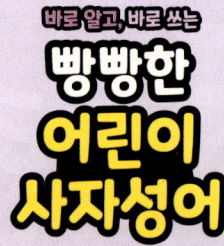

바로 알고, 바로 쓰는
빵빵한
어린이
사자성어

초판 1쇄 인쇄 | 2022년 5월 2일
초판 3쇄 발행 | 2024년 5월 7일

글 | 현상길
그 림 | 박빛나
펴낸이 | 안대준
펴낸곳 | 유앤북
등 록 | 제 2022-000002호
주 소 | 서울시 중구 필동로 8길 61-16, 4층
전 화 | 02-2274-5446
팩 스 | 0504-086-2795

ISBN 979-11-977525-6-8 74700
ISBN 979-11-977525-0-6 74700(세트)

※ 이 책의 저작권은 〈유앤북〉에 있습니다. 저작권법에 의해 보호를 받는 저작물이므로
  무단 전제와 복제를 금합니다.
※ 잘못된 책은 〈유앤북〉에서 바꾸어 드립니다.
※ 여러분의 소중한 원고를 기다립니다. you_book@naver.com

바로 알고, 바로 쓰는
빵빵한 사자성어

머리말

어휘력·표현력·사고력을 키워 주는 「빵빵한 사자성어」

사람들이 쓰는 말과 글은 그 사람의 마음으로부터 나옵니다.

그러므로 마음이 올바른 사람에게서는 자연스럽게 바른 말, 바른 글이 우러나오게 되지요. 그런 말과 글은 주위 사람들에게 행복과 기쁨을 전해 주고, 좋은 인간관계도 만들어 줍니다.

반면에, 마음이 올바르지 못한 사람의 말과 글은 거칠고 비뚤어진 모습으로 밖에 드러나게 됩니다. 그런 좋지 못한 말과 글은 주위 사람들을 불편하게 만들고, 때론 사람 사이를 갈라놓기도 하지요.

그렇다면, 올바른 마음은 어떻게 가꾸면 좋을까요?

그것은 바른 말과 바른 글을 씀으로써 가능합니다. 왜냐하면 바른 말과 바른 글은 우리의 귀와 눈을 통하여 마음에 들어와 마음밭을 가꾸는 좋은 씨앗으로 뿌려지기 때문입니다. 그러므로 어릴 때부터 아름답고 바른 말과 좋은 생각이 담긴 글을 많이 읽고 쓰면, 자신의 마음을 올바르게 가꾸어 나갈 수 있습니다. 그렇게 되면 자연히 그 사람이 쓰는 말과 글도 바르게 되는 것이지요.

이처럼 어릴 때부터 바른 말과 글을 배워서 쓰려고 노력하는 것은 바른 인성을 갖춘 사람으로 자라는 데 매우 중요합니다.

바로 알고, 바로 쓰는 빵빵한 사자성어

이 '빵빵한 사자성어'는 어릴 때부터 어휘력과 표현력, 사고력을 키워 주고, 바른 인성을 기르는 데 도움을 주기 위해 만들어졌습니다. 이 책은 어린이들에게 일상생활에서 많이 쓰이는 사자성어들의 뜻을 바르게 알고, 곧바로 쓸 수 있게 도와줄 것입니다. 아울러 한자의 뜻과 음도 같이 익힐 수 있게 됩니다.

이 책을 활용할 때는 이렇게 해 보세요.

먼저, 맨 앞에 한자의 뜻 그대로 풀이한 사자성어의 기본 뜻을 알아 둡니다.
한자의 뜻과 음도 소리 내어 읽어 보면 더 좋습니다.

그 다음, '빵빵 친구들'과 '빵빵 가족'의 대화를 읽으면서 어떤 경우에 그 사자성어가 쓰이는지 알아봅니다.

맨 끝의 풀이 부분에 대화 속에서 쓰이는 사자성어의 속뜻이 나오는데, 이 뜻을 잘 알고 익혀 둡니다.

그리고 책에서 배운 사자성어를 일상생활에 바로 사용해 보면, 말하기 능력이 쑥쑥 자라게 될 것입니다.

우리말엔 한자로 이루어진 낱말이 많기 때문에, 사자성어를 잘 익혀 어휘력과 표현력, 사고력을 키우는 것은 실력 향상을 위해 매우 중요한 일입니다. 이 책을 늘 곁에 두고 재미있는 '빵빵 친구들', '빵빵 가족'과 함께 즐거운 시간을 보내면서 풍부한 어휘력과 표현력을 갖추어 나가기 바랍니다.

감사합니다.

현 상 길

차례

心機一轉

ㄱ

1. 각골난망 (刻骨難忘) 14
2. 감언이설 (甘言利說) 16
3. 감탄고토 (甘呑苦吐) 18
4. 개과천선 (改過遷善) 20
5. 견리사의 (見利思義) 22
6. 견물생심 (見物生心) 24
7. 견위수명 (見危授命) 26
8. 결초보은 (結草報恩) 28
9. 고군분투 (孤軍奮鬪) 30
10. 고진감래 (苦盡甘來) 32
11. 과유불급 (過猶不及) 34
12. 괄목상대 (刮目相對) 36
13. 구사일생 (九死一生) 38
14. 군계일학 (群鷄一鶴) 40
15. 권선징악 (勸善懲惡) 42
16. 금상첨화 (錦上添花) 44
17. 금시초문 (今時初聞) 46
18. 금의환향 (錦衣還鄕) 48
19. 기사회생 (起死回生) 50

ㄴ, ㄷ

20. 난형난제 (難兄難弟) 52
21. 노심초사 (勞心焦思) 54
22. 다다익선 (多多益善) 56
23. 다사다난 (多事多難) 58
24. 대기만성 (大器晩成) 60
25. 동고동락 (同苦同樂) 62
26. 동량지재 (棟梁之材) 66
27. 동문서답 (東問西答) 68
28. 동병상련 (同病相憐) 70
29. 동상이몽 (同床異夢) 72
30. 두문불출 (杜門不出) 74

바로 알고, 바로 쓰는 빵빵한 사자성어

ㅁ, ㅂ

- 31 마이동풍 (馬耳東風) 76
- 32 막상막하 (莫上莫下) 78
- 33 명약관화 (明若觀火) 80
- 34 문전성시 (門前成市) 82
- 35 박장대소 (拍掌大笑) 84
- 36 박학다식 (博學多識) 86
- 37 배은망덕 (背恩忘德) 88
- 38 백년해로 (百年偕老) 90
- 39 백발백중 (百發百中) 92
- 40 비몽사몽 (非夢似夢) 94
- 41 비일비재 (非一非再) 96

ㅅ

- 42 사면초가 (四面楚歌) 98
- 43 사상누각 (沙上樓閣) 100
- 44 사필귀정 (事必歸正) 102
- 45 산해진미 (山海珍味) 104
- 46 살신성인 (殺身成仁) 108
- 47 삼고초려 (三顧草廬) 110
- 48 삼척동자 (三尺童子) 112
- 49 새옹지마 (塞翁之馬) 114
- 50 선견지명 (先見之明) 116
- 51 설상가상 (雪上加霜) 118
- 52 소탐대실 (小貪大失) 120
- 53 속수무책 (束手無策) 122
- 54 수수방관 (袖手傍觀) 124
- 55 시종일관 (始終一貫) 126
- 56 신출귀몰 (神出鬼沒) 128
- 57 심기일전 (心機一轉) 130
- 58 심사숙고 (深思熟考) 132
- 59 십시일반 (十匙一飯) 134
- 60 십중팔구 (十中八九) 136

차례

喜喜樂樂

ㅇ

61	아전인수 (我田引水)	138
62	애지중지 (愛之重之)	140
63	어부지리 (漁父之利)	142
64	어불성설 (語不成說)	144
65	언중유골 (言中有骨)	146
66	역지사지 (易地思之)	148
67	오리무중 (五里霧中)	150
68	오매불망 (寤寐不忘)	152
69	오비이락 (烏飛梨落)	154
70	온고지신 (溫故知新)	156
71	외유내강 (外柔內剛)	158
72	용두사미 (龍頭蛇尾)	162
73	우문현답 (愚問賢答)	164
74	우왕좌왕 (右往左往)	166
75	우유부단 (優柔不斷)	168
76	우이독경 (牛耳讀經)	170
77	유구무언 (有口無言)	172
78	유비무환 (有備無患)	174
79	유언비어 (流言蜚語)	176
80	유유상종 (類類相從)	178
81	의기양양 (意氣揚揚)	180
82	이구동성 (異口同聲)	182
83	이심전심 (以心傳心)	184
84	인과응보 (因果應報)	186
85	인산인해 (人山人海)	188
86	인지상정 (人之常情)	190
87	일석이조 (一石二鳥)	192
88	일취월장 (日就月將)	194
89	일편단심 (一片丹心)	196
90	임기응변 (臨機應變)	198

바로 알고,
바로 쓰는
빵빵한 사자성어

ㅊ~ㅎ

105	천고마비 (天高馬肥)	230
106	청산유수 (靑山流水)	232
107	청천벽력 (靑天霹靂)	234
108	청출어람 (靑出於藍)	236
109	칠전팔기 (七顚八起)	238
110	침소봉대 (針小棒大)	240
111	타산지석 (他山之石)	242
112	표리부동 (表裏不同)	244
113	풍비박산 (風飛雹散)	246
114	풍전등화 (風前燈火)	248
115	학수고대 (鶴首苦待)	250
116	혈혈단신 (孑孑單身)	252
117	호시탐탐 (虎視耽耽)	254
118	화룡점정 (畵龍點睛)	256
119	희로애락 (喜怒哀樂)	258
120	희희낙락 (喜喜樂樂)	260

ㅈ

91	자격지심 (自激之心)	200
92	자업자득 (自業自得)	202
93	자초지종 (自初至終)	204
94	자포자기 (自暴自棄)	206
95	자화자찬 (自畵自讚)	208
96	작심삼일 (作心三日)	210
97	적반하장 (賊反荷杖)	212
98	전전긍긍 (戰戰兢兢)	214
99	전화위복 (轉禍爲福)	218
100	좌불안석 (坐不安席)	220
101	좌충우돌 (左衝右突)	222
102	주마간산 (走馬看山)	224
103	죽마지우 (竹馬之友)	226
104	진퇴양난 (進退兩難)	228

부록 : 사자성어의 유래

가족 소개

"재미있는 '빵빵 가족'과 함께
즐겁고 알찬 '빵빵한 사자성어' 공부를 시작해 봐요~"

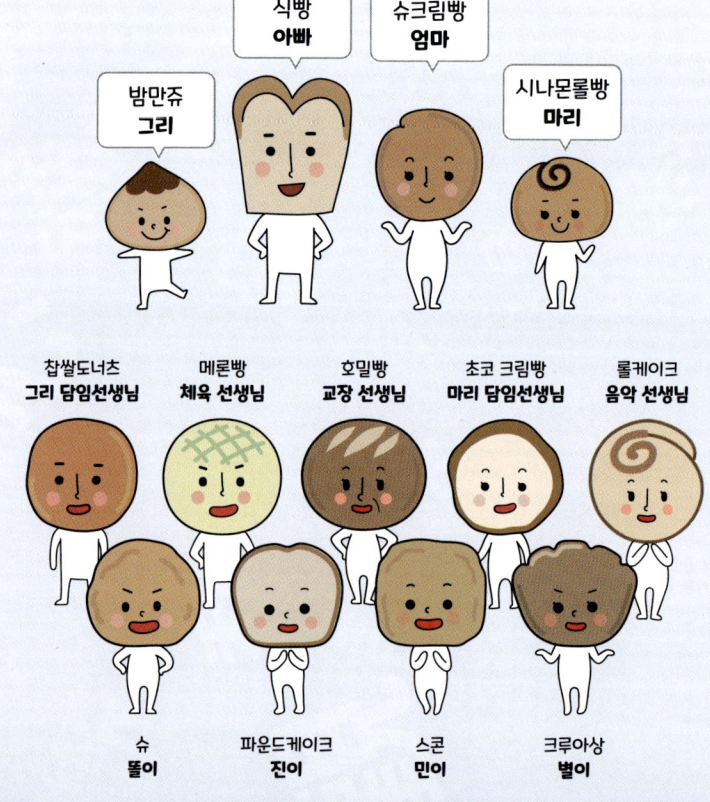

바로 알고, 바로 쓰는 빵빵한 사자성어

사자성어는 어떤 말이며, 왜 필요할까요?

'사자성어(四字成語)'는 한자 4자로 이루어진 말로서, 그 속뜻에는 교훈이나 유래가 담겨 있습니다. 주로 비유적인 내용을 가지며, 긴 문장의 뜻을 한자 4자로 압축하여 어떤 상황이나 사람의 감정 등을 표현하는 말이지요.

이와 비슷한 뜻의 말로 '한자성어(漢字成語)'와 '고사성어(故事成語)'가 있습니다. 한자성어는 꼭 4글자가 아니더라도 한자들이 합해져 이루어진 어휘를 가리키며, 고사성어는 한자성어 중에서 특별히 그 말이 만들어진 유래가 전해지는 말을 가리킵니다.

'한자성어'의 예
- 단장(斷腸) : 창자가 끊어질 듯한 슬픔을 뜻하는 말
- 감언이설(甘言利說) : 남을 꾀기 위한 달콤한 말과 이로운 말
- 백문불여일견(百聞不如一見) : 백 번 듣는 것이 한 번 보는 것만 못하다.

'고사성어'의 예
- 삼고초려(三顧草廬) : 삼국시대 촉한의 유비가 제갈량을 세 번이나 찾아가서 군대의 우두머리로 맞아들였다는 이야기에서 유래함.

※ 이러한 말들 중에서 '감언이설', '삼고초려' 등은 4자로 이루어졌으므로 '사자성어'라고 함.

우리말 중에는 한자로 이루어진 어휘들이 많습니다. 그러므로 다양한 사자성어를 알아 두는 것은 어휘력 향상에 큰 도움을 줍니다. 또한 사자성어를 배우면서 한자의 음과 뜻도 함께 알 수 있고, 그 말에 얽힌 유래나 비유의 의미를 새길 수 있어서 사고력과 표현력을 기르는 데 좋은 효과가 있답니다.

다양한 사자성어를 익혀 일상생활에 자주 활용해 보면, 말하기 능력이 쑥쑥 늘어나는 것을 느끼게 될 것입니다.

바로 알고, 바로 쓰는
빵빵한 사자성어

1. 각골난망 (刻骨難忘)
2. 감언이설 (甘言利說)
3. 감탄고토 (甘吞苦吐)
4. 개과천선 (改過遷善)
5. 견리사의 (見利思義)
6. 견물생심 (見物生心)
7. 견위수명 (見危授命)
8. 결초보은 (結草報恩)
9. 고군분투 (孤軍奮鬪)
10. 고진감래 (苦盡甘來)
11. 과유불급 (過猶不及)
12. 괄목상대 (刮目相對)
13. 구사일생 (九死一生)
14. 군계일학 (群鷄一鶴)
15. 권선징악 (勸善懲惡)
16. 금상첨화 (錦上添花)
17. 금시초문 (今時初聞)
18. 금의환향 (錦衣還鄕)
19. 기사회생 (起死回生)

001 각골난망 | 뼈에 새겨 잊기가 어렵다.

 새길 각 뼈 골 어려울 난 잊을 망

각골난망

이 말은 '남에게 입은 은혜가 뼈에 새길 만큼 커서 잊히지 아니하다.'는 뜻입니다. '백골난망(白骨難忘)'도 비슷한 뜻이지요. 남에게 입은 은혜는 크든 작든 잘 기억하였다가 보답해야 할 것입니다.

002 감언이설 | 달콤한 말과 이로운 말

甘 달 감　言 말씀 언　利 이로울 리(이)　說 말씀 설

감언이설

'감언(甘言)'은 귀에 솔깃한 말입니다. 그래서 이 말은 **'남의 비위를 맞추거나 이로운 조건을 내세워 꾀는 말'**을 뜻합니다. 이런 말일수록 해로운 경우가 많으니, 남의 말은 잘 새겨들어야 하겠지요?

003 감탄고토 | 달면 삼키고 쓰면 뱉는다.

甘 달 감 呑 삼킬 탄 苦 쓸 고 吐 토할 토

감탄고토

이 말은 일의 이치에 따라 옳고 그름을 판단하지 않고, **'자신의 비위에 맞으면 좋아하거나 취하고, 안 맞으면 싫어하거나 버린다.'**는 뜻입니다. 이런 일은 남에게 믿음을 주지 못하는 행동이지요.

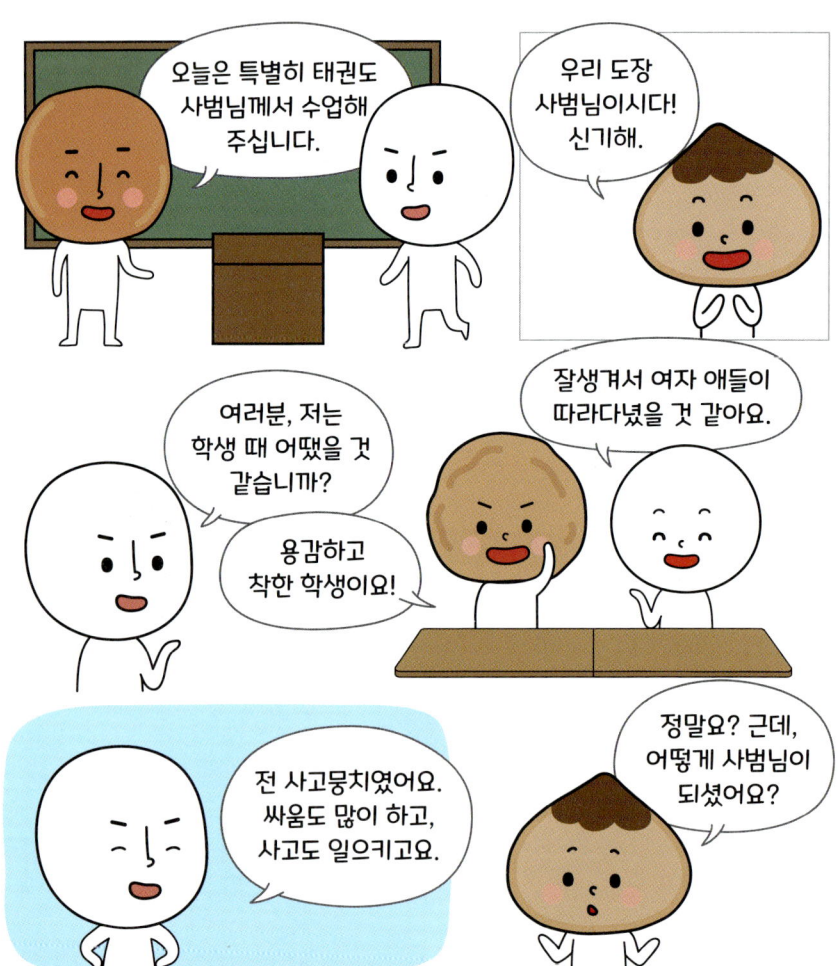

개과천선

'과(過)'는 '과오(過誤)', 즉 '부주의나 태만 따위에서 비롯된 잘못이나 허물'이므로, 이 말은 **'지난날의 잘못이나 허물을 고쳐 올바르고 착하게 변하다.'**는 뜻입니다. 누구나 잘못은 할 수 있으므로 그것을 고치는 일이 정말 중요하지요.

005 견리사의 | 이익을 보면 의리를 생각한다.

見 볼 견 **利** 이로울 리(이) **思** 생각할 사 **義** 옳을 의

견리사의

이 말은 '이익이 될 만한 것이 보이면, 그것이 의리에 맞는지 먼저 생각해야 한다.'는 뜻입니다. 여기서 '의리(義理)'란 '사람이 마땅히 지켜야 할 도리'를 가리키지요.

➔ 이 사자성어의 유래에 대해서는 '부록'을 참고하세요.

006 견물생심 | 물건을 보면 욕심이 생긴다.

見 볼 견 物 만물 물 生 날 생 心 마음 심

견물생심

이 말은 사람이 '어떤 실물을 눈으로 보면 그것을 가지고 싶은 마음이 일어난다.'는 뜻입니다. 무엇을 가지고 싶은 마음은 자연스러운 것이지만, 먼저 그것의 옳고 그름을 잘 생각해 보아야겠지요?

바로 알고, 바로 쓰는 빵빵한 사자성어

007 견위수명 | 위태로움을 보면 목숨을 내놓는다.

見 볼 견 危 위태할 위 授 줄 수 命 목숨 명

견위수명

이 말은 '나라가 위태로울 때 자기의 몸을 나라에 바친다.'는 뜻입니다. '견위치명(見危致命)'도 같은 뜻이지요.

➡ 이 **사자성어의 유래**에 대해서는 **'부록'**을 참고하세요.

008 결초보은 | 풀을 묶어 은혜를 갚는다.

 맺을 결 풀 초 갚을 보 恩 은혜 은

결초보은

이 말은 '죽은 뒤에라도 은혜를 잊지 않고 갚는다.'는 뜻입니다. '죽어서라도 결초보은하겠다.'와 같이 쓰이지요.

➔ 이 **사자성어의 유래**에 대해서는 **'부록'**을 참고하세요.

009 고군분투

외롭게 된 군사가 용감하게 싸운다.

 외로울 고   군사 군   떨칠 분   싸울 투

고군분투

이 말은 '따로 떨어져 도움을 받지 못하게 된 군사가 많은 수의 적군과 용감하게 싸운다.', 또는 '남의 도움을 받지 않고도 어려운 일을 잘해 나간다.'는 뜻입니다. '고전분투(孤戰奮鬪)'도 같은 뜻이지요.

010 고진감래 | 쓴 것이 다하면 단 것이 온다.

苦 쓸 고　盡 다할 진　甘 달 감　來 올 래

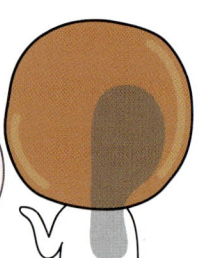

고진감래

'쓴 것'은 인생의 쓴 맛, 즉 고생을 가리키고, '단 것'은 즐거움과 기쁨을 가리킵니다. 그래서 이 말은 **'고생이 끝나면 즐거움이 온다.'**는 뜻입니다. 어렵고 힘든 현재를 이겨 내면, 기쁘고 즐거운 내일이 오리라는 희망을 담고 있는 말이지요.

011 과유불급 | 지나치면 오히려 미치지 못함과 같다.

 지날 과 오히려 유 아니 불 미칠 급

"자, 맛있게 먹자!"

"맛있겠다!"

"아버님, 어머님. 감사히 먹겠사옵니다."

"엥? 너 말투가 갑자기 왜 그러니?"

"무엇을 말씀이옵니까?"

"어휴, 오글거려 못살겠다!"

"어머님, 제가 존댓말 쓰는 게 불편하시옵니까?"

과유불급

이 말은 **'정도를 지나친 것은 미치지 못한 것과 같다.'**는 뜻입니다. 말하거나 행동할 때 너무 지나치지 말라는 교훈이 들어 있지요.

➡ 이 **사자성어의 유래**에 대해서는 **'부록'**을 참고하세요.

012 괄목상대 | 눈을 비비고 상대방을 대한다.

刮 비빌 괄 눈 목 相 서로 상 대할 대

괄목상대

오랜만에 만난 상대에게 '몰라보게 달라졌다.'고 할 때처럼, 이 말은 **'남의 학식이나 재주 등이 놀라울 정도로 나아졌다.'**는 뜻입니다.

➜ 이 **사자성어의 유래**에 대해서는 **'부록'**을 참고하세요.

013 구사일생 | 아홉 번 죽을 뻔하다 한 번 살아나다.

九 아홉 구　死 죽을 사　一 한 일　生 살 생

구사일생

이 말은 '위험한 죽을 고비를 여러 차례 넘기고 겨우 살아나다.'는 뜻입니다. 대화나 문장에서는 '구사일생으로'라는 꼴로 많이 쓰이며, '백사일생(百死一生)'도 같은 뜻이지요.

014 군계일학 | 닭의 무리 가운데 한 마리의 학

群 무리 군　鷄 닭 계　一 한 일　鶴 학 학

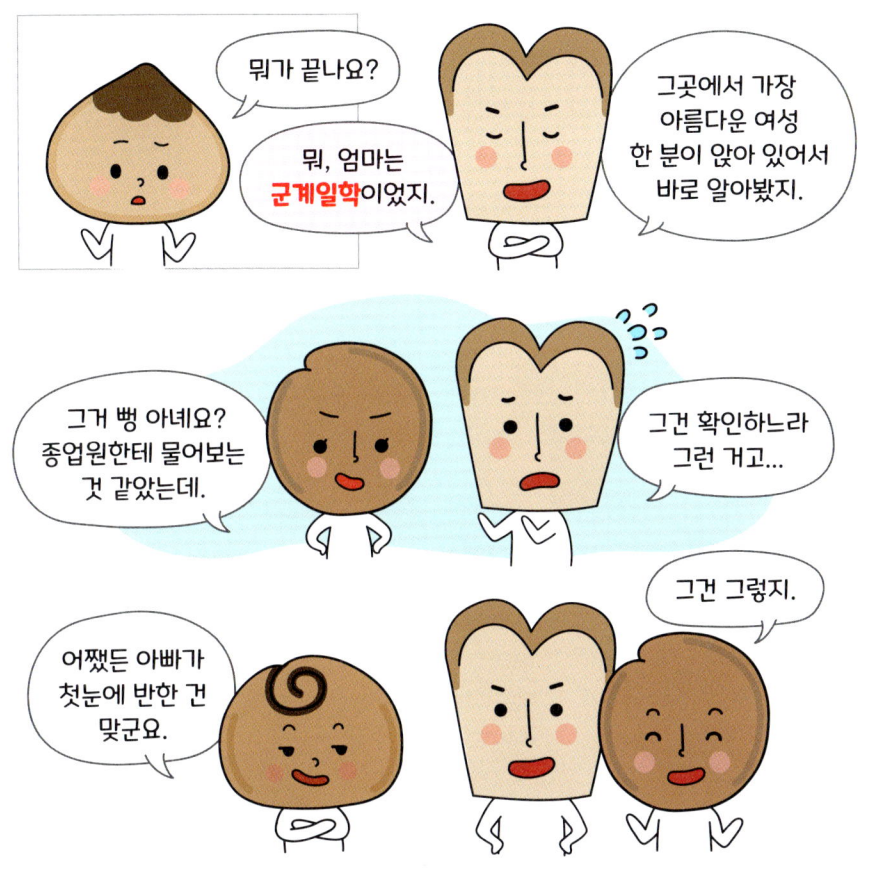

군계일학

많은 수의 닭들이 있는 가운데 학이 한 마리 있다면 단연 두드러져 보일 것입니다. 그래서 이 말은 **'많은 사람 가운데에서 뛰어난 인물'**을 뜻합니다.

➜ 이 사자성어의 유래에 대해서는 '부록'을 참고하세요.

015 권선징악 | 착함을 권하고 악함을 징계한다.

 권할 권   착할 선   징계할 징   악할 악

'콩쥐팥쥐' 이야기가 어떻게 끝나죠?

착한 콩쥐는 나중에 살아나고, 나쁜 팥쥐와 계모는 벌 받아 죽습니다.

그래요. '춘향전'의 인물들은 어떻게 되나요?

마음 착한 춘향이는 이 도령이 구해 주고, 악한 변 사또는 감옥에 가요.

맞았어요. '흥부와 놀부'는요?

착한 흥부는 제비가 박씨 물어다 줘서 부자 됐고요,

나쁜 놀부는 박에서 도깨비가 나와서 엄청 혼났어요.

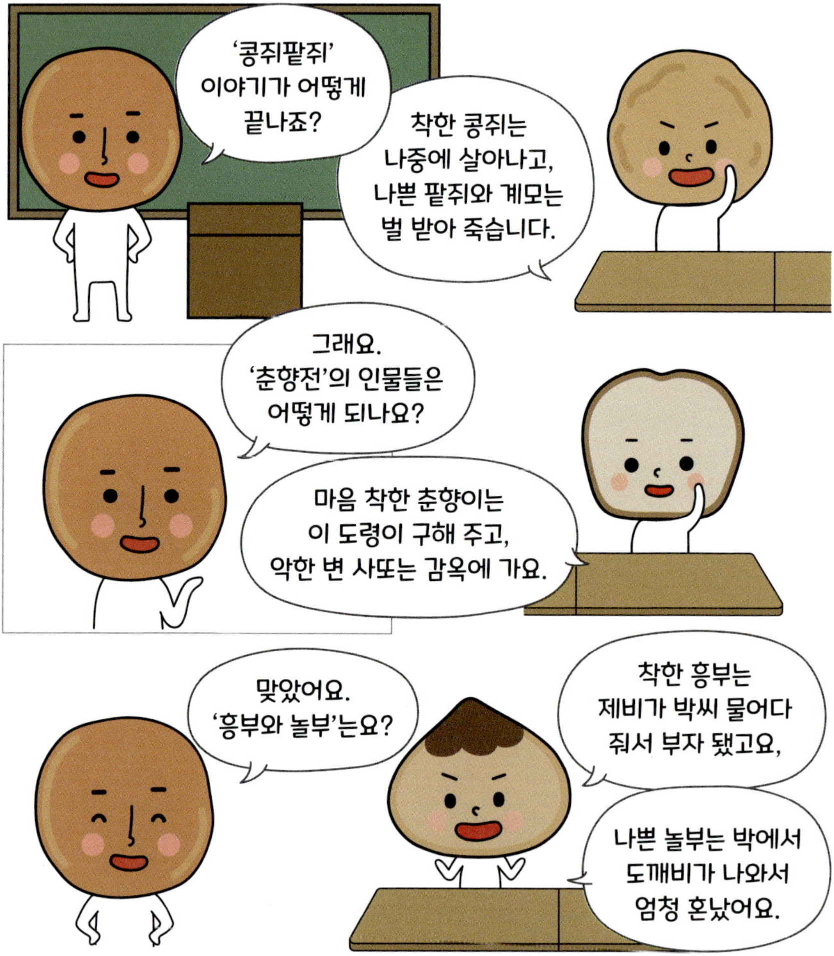

권선징악

이 말은 **'착한 일은 권장하고, 악한 일은 징계한다.'** 는 뜻입니다. 우리나라 옛날이야기의 결말은 대부분 착한 주인공은 행복해지고, 나쁜 짓을 한 인물은 벌을 받는 것으로 끝나지요.

➡ 이 **사자성어의 유래**에 대해서는 **'부록'**을 참고하세요.

016 금상첨화 | 비단 위에 꽃을 더한다.

금상첨화

비단옷을 입은 사람이 꽃까지 든다면 더 아름다워 보일 것입니다. 그래서 이 말은 **'좋은 것 위에 더 좋은 것이 더해진다.'**는 뜻입니다. 좋은 일이 겹칠 때 많이 쓰이며, '설상가상'은 이와 반대말이지요.

➜ 이 **사자성어의 유래**에 대해서는 **'부록'**을 참고하세요.

017 금시초문 | 바로 지금 처음으로 듣다.

今 이제 금　時 때 시　初 처음 초　聞 들을 문

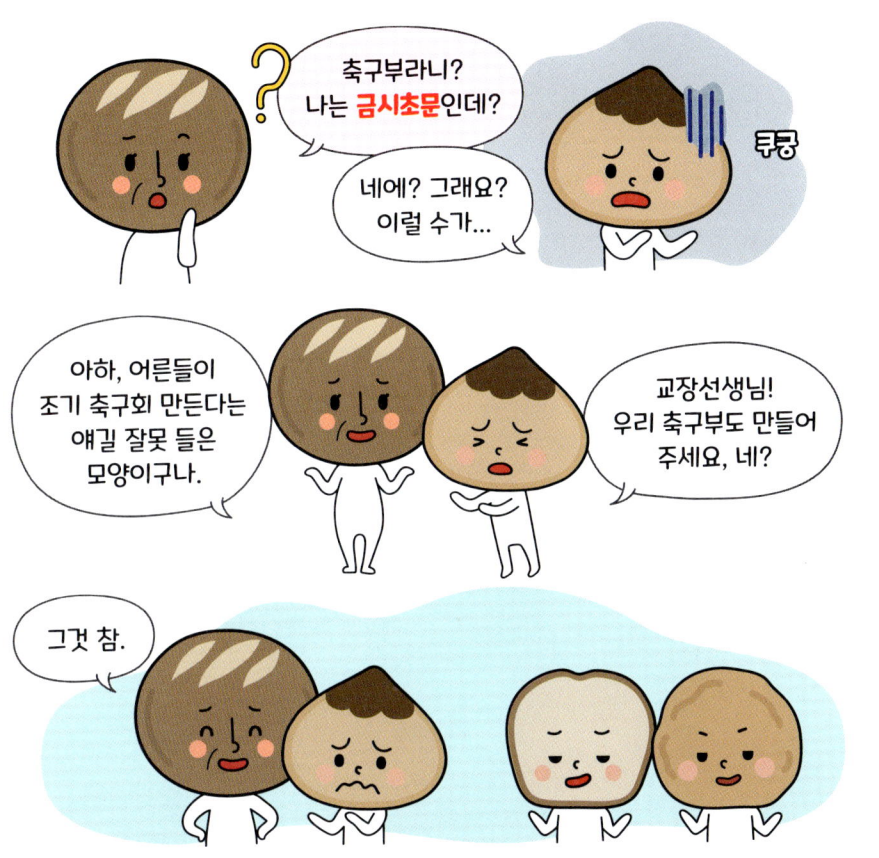

금시초문

이 말은, 자신이 전혀 알지도 못하고 들은 적도 없는 '**어떤 이야기를 남에게서 처음 듣다.**'는 뜻입니다. 때론 알고 있으면서도 모른다고 발뺌하기 위해서 이 말을 쓰기도 하지요.

018 금의환향 | 비단옷을 입고 고향에 돌아오다.

錦 비단 금 衣 옷 의 還 돌아올 환 鄉 고향 향

장하다! 김태권, 금메달 획득!

아빠, 저것 봐요! 우리 도장 형이에요!

와, 대단해! 우리 동네에 영웅이 나왔네.

어디서 금메달 딴 거야?

고등학교 형인데, 세계 태권도 대회에서 땄대.

멋있다! 이름도 태권이야.

그러게 말야. 이제 **금의환향**하겠구나.

금의환향

비단옷은 옛날 벼슬아치들이 입는 옷을 가리키므로, 이 말은 **'크게 성공하거나 출세하여 고향에 돌아오다.'**라는 뜻입니다. 국제 대회에서 우리나라 선수가 금메달을 따고 돌아올 때면 흔히 들을 수 있는 말이지요.

➡ 이 **사자성어의 유래**에 대해서는 **'부록'**을 참고하세요.

019 기사회생 | 죽음에서 일어나 다시 살아나다.

起 일어날 기 死 죽을 사 回 돌아올 회 生 살 생

> [!NOTE] 기사회생

이 말은 '죽음의 위기에서 벗어나 다시 살아나다.', 또는 '패배했다고 생각하는 순간 다시 힘을 내어 일어서다.'는 뜻입니다.

➡ 이 **사자성어의 유래**에 대해서는 '**부록**'을 참고하세요.

바로 알고, 바로 쓰는
빵빵한 사자성어

20. 난형난제 (難兄難弟)
21. 노심초사 (勞心焦思)
22. 다다익선 (多多益善)
23. 다사다난 (多事多難)
24. 대기만성 (大器晚成)
25. 동고동락 (同苦同樂)
26. 동량지재 (棟梁之材)
27. 동문서답 (東問西答)
28. 동병상련 (同病相憐)
29. 동상이몽 (同床異夢)
30. 두문불출 (杜門不出)

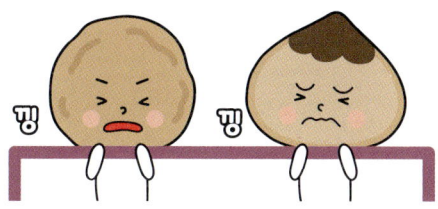

020 난형난제 | 형이라 하기도 어렵고 아우라 하기도 어렵다.

難 어려울 난 兄 형 형 難 어려울 난 弟 아우 제

난형난제

두 명의 사람이나 두 개의 사물이 '서로 비슷하여 낫고 못남을 정하기 어렵다.'는 뜻입니다. 실력이 비슷한 사람끼리 시합을 벌일 때 '막상막하'라고 하는데, 이와 비슷한 말이지요.

➔ 이 **사자성어의 유래**에 대해서는 **'부록'**을 참고하세요.

021 노심초사
마음속으로 힘들어하고 생각이 많아 속 탄다.

 勞 힘들일 로(노)　 心 마음 심　 焦 태울 초　 思 생각할 사

노심초사

어떤 일에 대해 너무 걱정을 많이 할 때 쓰는 말로, **'몹시 마음을 쓰며 애를 태우다.'** 는 뜻입니다. 흔히 부모님들이 자식 걱정할 때 많이 쓰이지요.

➔ 이 **사자성어의 유래**에 대해서는 **'부록'** 을 참고하세요.

022 다다익선 | 많고 많아서 더욱 좋다.

 많을 다 많을 다 더할 익 좋을 선

와, 이게 다 뭐야?

실내 인테리어 사진들 모아 놓은 파일이야.

이런 사진을 왜 모으는데?

내 꿈은 실내 인테리어 디자이너거든.

그래? 난 그런 거엔 별로 관심이 없어서.

넌 뭐에 관심 있는데?

뭐 수집하는 거 있어?

음...

난 장난감 자동차가 엄청 많아. 몇 백 대는 될걸?

다다익선

이 말은 글자 그대로 자신이 좋아하는 일이나 가지고 싶은 것은 **'많으면 많을수록 더욱 좋다.'**는 뜻입니다. 그렇다고 해서 너무 욕심을 부리는 것은 좋지 않겠지요?

➜ 이 **사자성어의 유래**에 대해서는 **'부록'**을 참고하세요.

023 다사다난 | 많은 일과 많은 어려움

 많을 다 일 사   많을 다 어려울 난

다사다난

한 해가 저무는 연말이 되면 사람들은 흔히 '올해는 참 다사다난했다.'고 말합니다. 이처럼 이 말은 **'여러 가지 사건들이 많이 일어나고 어려움도 많았다.'**는 뜻입니다.

024 대기만성 | 큰 그릇은 늦게 완성된다.

大 큰 대　器 그릇 기　晚 늦을 만　成 이룰 성

대기만성

큰 그릇을 만드는 데는 시간이 오래 걸리는 것처럼, '**크게 될 사람은 늦게 이루어진다.**'는 뜻입니다. 성공하려면 많은 노력과 시간이 필요하다는 말이지요.

➜ 이 **사자성어의 유래**에 대해서는 '**부록**'을 참고하세요.

025 동고동락 | 함께 괴로워하고 함께 즐긴다.

同 함께 동　苦 괴로울 고　同 함께 동　樂 즐길 락(낙)

동고동락

어떤 상황에서도 가족이나 친구, 동료들은 서로의 정을 나눕니다. 이처럼 이 말은 **'언제나 괴로움과 기쁨을 함께한다.'**는 뜻입니다. '고락을 함께하다.'라는 표현으로도 자주 쓰이지요.

026 동량지재 | 마룻대와 들보로 쓸 만한 재목

棟 마룻대 동　樑 들보 량(양)　之 -의 지　材 재목 재

동량지재

집을 지을 때 골격을 갖추기 위해 없어서는 안 되는 마룻대나 들보처럼, 이 말은 **'집안이나 나라를 떠받치는 중대한 일을 맡을 만한 인재'**를 뜻하는 말입니다. '동량', '동량재' 등도 같은 뜻이지요.

027 동문서답 | 동쪽을 묻는데 서쪽을 답한다.

東 동녘 동　問 물을 문　西 서녘 서　答 대답할 답

동문서답

이 말은 상대방의 질문을 잘 이해하지 못하는 바람에 '**질문에 대해 엉뚱한 대답을 한다.**'는 뜻입니다. 입장이 달라서 상대방의 질문을 애써 무시하는 상황에서 쓰이기도 하지요.

028 동병상련 | 같은 병을 앓아 서로 불쌍히 여긴다.

同 같을 동　病 질병 병　相 서로 상　憐 불쌍히 여길 련

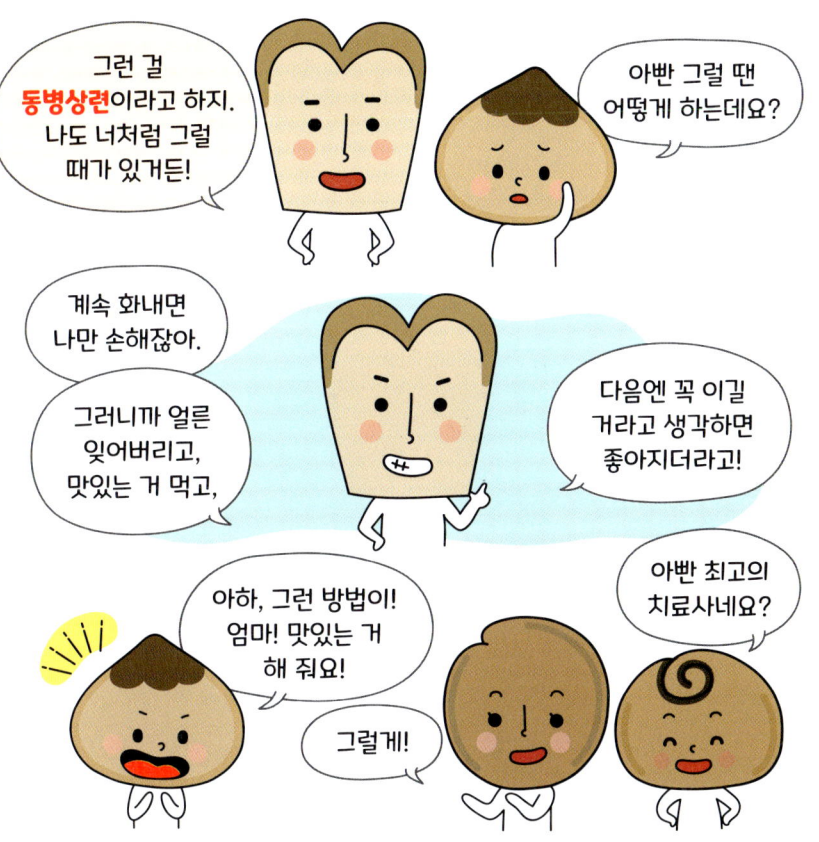

동병상련

질병, 실패 등 비슷한 고통을 겪어 본 사람들은 서로의 아픔에 쉽게 공감합니다. 그래서 이 말은 '어려운 처지에 있는 사람끼리 서로 가엾게 여긴다.'는 뜻입니다.

➜ 이 사자성어의 유래에 대해서는 '부록'을 참고하세요.

029 동상이몽

같은 잠자리에서 서로 다른 꿈을 꾼다.

 같을 동 침상 상 다를 이(리) 꿈꿀 몽

동상이몽

'동상(同床)'은 '같은 잠자리'를 가리킵니다. 그러므로 이 말은 **'겉으로는 같이 생활하고 행동하면서도 속으로는 각각 딴생각을 하고 있다.'**는 뜻입니다.

030 두문불출 | 문을 닫고 나가지 않는다.

 닫을 두 문 문 아닐 불 날 출

두문불출

집에만 있고 바깥출입하지 않을 때 쓰는 말로, '**집에 숨어 지내면서 관직에 나가지 않거나 사회의 일을 하지 않는다.**'는 뜻입니다. 주위에 이런 이웃이 있으면 관심을 가져야 하겠지요?

➜ 이 **사자성어의 유래**에 대해서는 '**부록**'을 참고하세요.

바로 알고, 바로 쓰는
빵빵한 사자성어

31 마이동풍 (馬耳東風)

32 막상막하 (莫上莫下)

33 명약관화 (明若觀火)

34 문전성시 (門前成市)

35 박장대소 (拍掌大笑)

36 박학다식 (博學多識)

37 배은망덕 (背恩忘德)

38 백년해로 (百年偕老)

39 백발백중 (百發百中)

40 비몽사몽 (非夢似夢)

41 비일비재 (非一非再)

031 마이동풍 | 말의 귀에 부는 동풍

馬 말 마　耳 귀 이　東 동녘 동　風 바람 풍

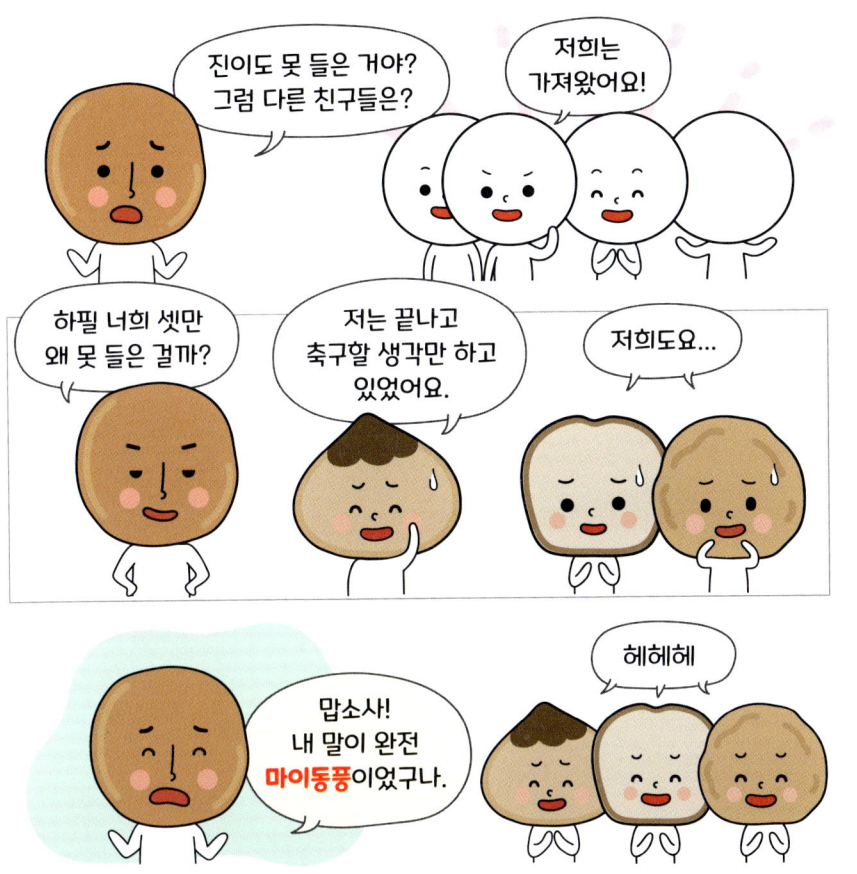

마이동풍

귀를 스쳐가는 동풍(봄바람)에 말이 전혀 신경쓰지 않듯이, 이 말은 **'남이 해 주는 조언이나 의견을 조금도 귀담아 듣지 않고 흘려버린다.'** 는 뜻입니다.

➜ 이 사자성어의 유래에 대해서는 '부록'을 참고하세요.

032 막상막하

위도 없고 아래도 없다.

莫 없을 막　上 위 상　莫 없을 막　下 아래 하

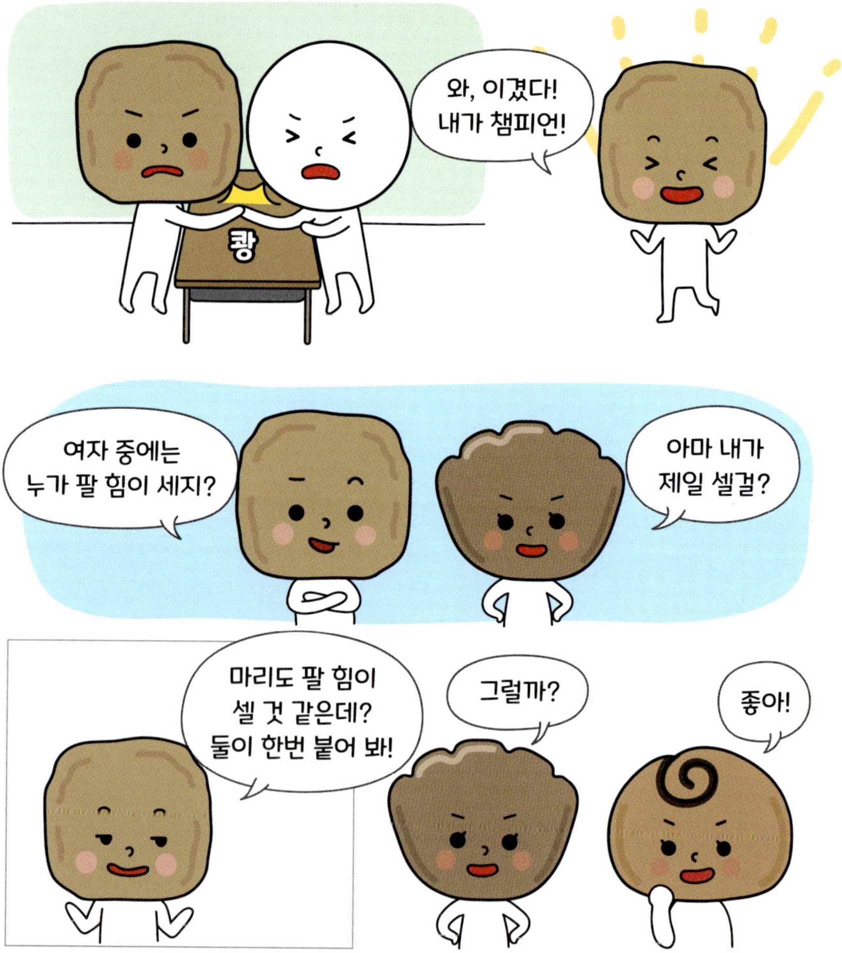

막상막하

둘의 실력을 비교할 때 '**누가 더 낫고 더 못함의 차이가 거의 없다.**'는 뜻으로 쓰이거나, 두 팀의 경기에서 '**우열을 가리지 못하고 접전이 이어지는 상황**'을 가리킬 때 쓰이는 말입니다.

033 명약관화

밝기가 불을 보는 것과 같다.

明 밝을 명 若 같을 약 觀 볼 관 火 불 화

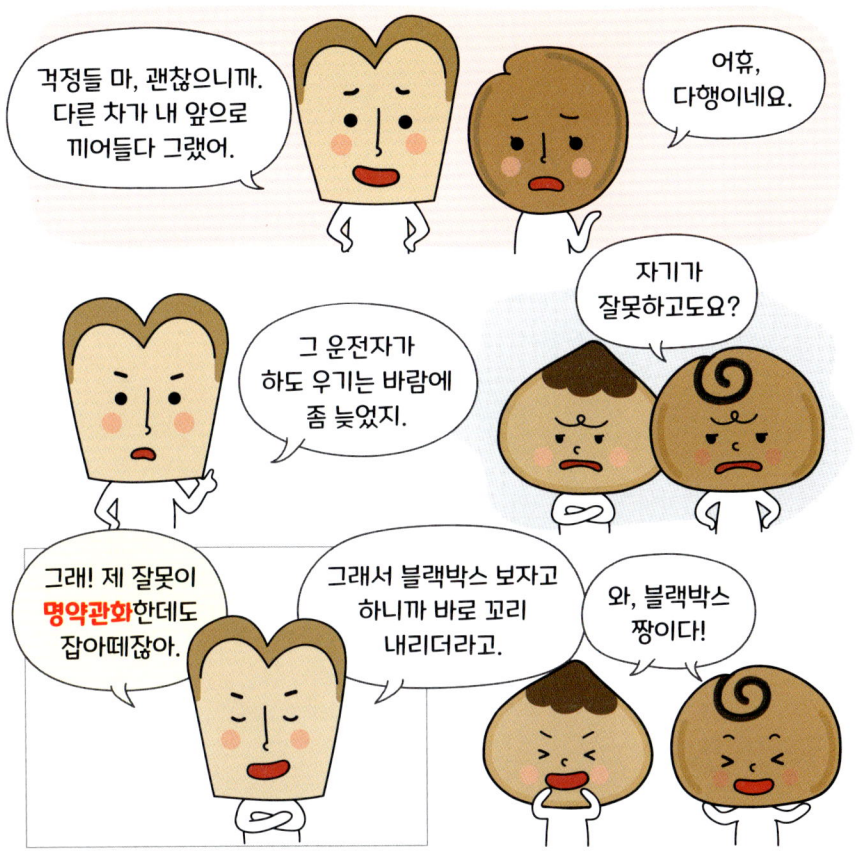

명약관화

불 아래에서는 모든 것이 밝고 훤하게 드러납니다. 이처럼 이 말은 마치 불을 보는 것과 같이 모든 일이 뚜렷해서 **'도무지 의심할 여지가 없이 명백하다.'**는 뜻입니다. 사실이 명확한데도 자꾸 변명하거나 잡아떼는 사람한테 흔히 쓰는 말이지요.

034 문전성시
문 앞이 시장을 이루다.

門 문 문 前 앞 전 成 이룰 성 市 저자(시장) 시

문전성시

이 말은 원래 권력자나 부자에게 잘 보이려고 '아첨꾼들이 문 앞에 북적인다.'는 뜻이었지만, 지금은 **'찾아오는 사람이 많아 집의 문 앞이 시장과도 같다.'**는 뜻으로 많이 쓰입니다.

➡ 이 사자성어의 유래에 대해서는 '부록'을 참고하세요.

035 박장대소 | 손뼉을 치며 크게 웃는다.

 칠 박 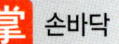 손바닥 장 클 대 웃을 소

박장대소

이 말은 기쁘거나 신나는 일이 있을 때 **'힘차게 손뼉을 치며 큰소리로 웃는다.'**는 뜻입니다. 이렇게 하면 스트레스도 풀리고 건강에 좋다고 하지요.

036 박학다식 | 넓게 배워 많이 안다.

 넓을 박 배울 학 많을 다 알 식

박학다식

이 말은 '**학식이 넓고 아는 것이 많다.**'는 뜻입니다. 남보다 열심히 배워 지식이 깊고 아는 분야가 많아서 누가 무엇을 물어 봐도 백과사전처럼 척척 답하는 사람을 가리킬 때 쓰는 말이지요.

037 배은망덕 | 은혜를 배신하고 덕을 잊는다.

 배신할 배 은혜 은 잊을 망 덕 덕

배은망덕

이 말은 '남에게 입은 은혜와 베풀어 준 덕을 저버리고 배신한다.'는 뜻입니다. 나를 위해 베풀어 준 은혜와 덕을 갚지는 못할망정 배신하는 행위는 사람으로서 할 도리가 아닐 것입니다.

038 백년해로 | 백 년을 함께 늙는다.

百 일백 백　年 해 년　偕 함께 해　老 늙을 로

백년해로

이 말은 '부부가 되어 한평생 행복하게 지내면서 함께 늙는다.'는 뜻으로, 부부의 소중한 인연을 오래 간직하고 살아감을 이릅니다.

➜ 이 사자성어의 유래에 대해서는 '부록'을 참고하세요.

039 백발백중

백 번 쏘아 백 번 맞힌다.

 일백 백 쏠 발  일백 백 맞힐 중

백발백중

이 말은 총이나 활을 '쏠 때마다 겨눈 곳에 정확히 맞는다.', 또는 '무슨 일이든지 틀림없이 잘 들어맞는다.'는 뜻입니다. 이렇게 하기 위해서는 엄청난 노력이 필요하지요.

➜ 이 사자성어의 유래에 대해서는 '부록'을 참고하세요.

040 비몽사몽 | 꿈이 아닌 듯도 하고 꿈인 것 같기도 하다.

非 아닐 비 夢 꿈 몽 似 같을 사 夢 꿈 몽

비몽사몽

이 말은 '**완전히 잠이 들지도 잠에서 깨어나지도 않은 어렴풋한 상태**'를 뜻합니다. 잠에서 덜 깨어 꿈꾸고 있는 듯하거나 아직 잠에 취해 있는 것처럼 어렴풋한 순간을 말할 때, '비몽사몽간'이라고 하지요.

041 비일비재 | 하나도 아니고 둘도 아니다.

 아닐 비 한 일 아닐 비 두 재

비일비재

이 말은 '**같은 현상이나 일이 많이 일어난다.**'는 뜻입니다. 좋지 않은 일이 자주 반복된다면, 문제점을 찾아 모두의 지혜를 모아 빨리 해결해야 할 것입니다.

바로 알고, 바로 쓰는
빵빵한 사자성어

42. 사면초가 (四面楚歌)
43. 사상누각 (沙上樓閣)
44. 사필귀정 (事必歸正)
45. 산해진미 (山海珍味)
46. 살신성인 (殺身成仁)
47. 삼고초려 (三顧草廬)
48. 삼척동자 (三尺童子)
49. 새옹지마 (塞翁之馬)
50. 선견지명 (先見之明)
51. 설상가상 (雪上加霜)
52. 소탐대실 (小貪大失)
53. 속수무책 (束手無策)
54. 수수방관 (袖手傍觀)
55. 시종일관 (始終一貫)
56. 신출귀몰 (神出鬼沒)
57. 심기일전 (心機一轉)
58. 심사숙고 (深思熟考)
59. 십시일반 (十匙一飯)
60. 십중팔구 (十中八九)

042 사면초가 | 사방에서 들려오는 초나라의 노래

사면초가

이 말은 '**적에게 포위된 상태**', 또는 '**아무에게도 도움을 받을 수 없는 곤란한 지경에 빠진 상태**'를 뜻합니다. '사면'은 사방, 즉 '동서남북'이나 '전후좌우' 등 모든 방향을 가리킵니다.

➡ 이 **사자성어의 유래**에 대해서는 '**부록**'을 참고하세요.

043 사상누각 | 모래 위에 세운 다락집

 모래 사 위 상 다락 루(누) 집 각

사상누각

이 말은 **'기초가 튼튼하지 못하여 오래 견디지 못할 일이나 물건'**을 뜻합니다. 집을 지을 때 지반이 약하면 흙을 다지고 자갈을 깔아 튼튼하게 한 후에 주춧돌을 세워야 하는데, 만약 모래땅 위에 그대로 집을 짓는다면 완성되기도 전에 무너지고 말 것입니다.

044 사필귀정 | 모든 일은 반드시 바른길로 돌아간다.

事 일 사　必 반드시 필　歸 돌아갈 귀　正 바를 정

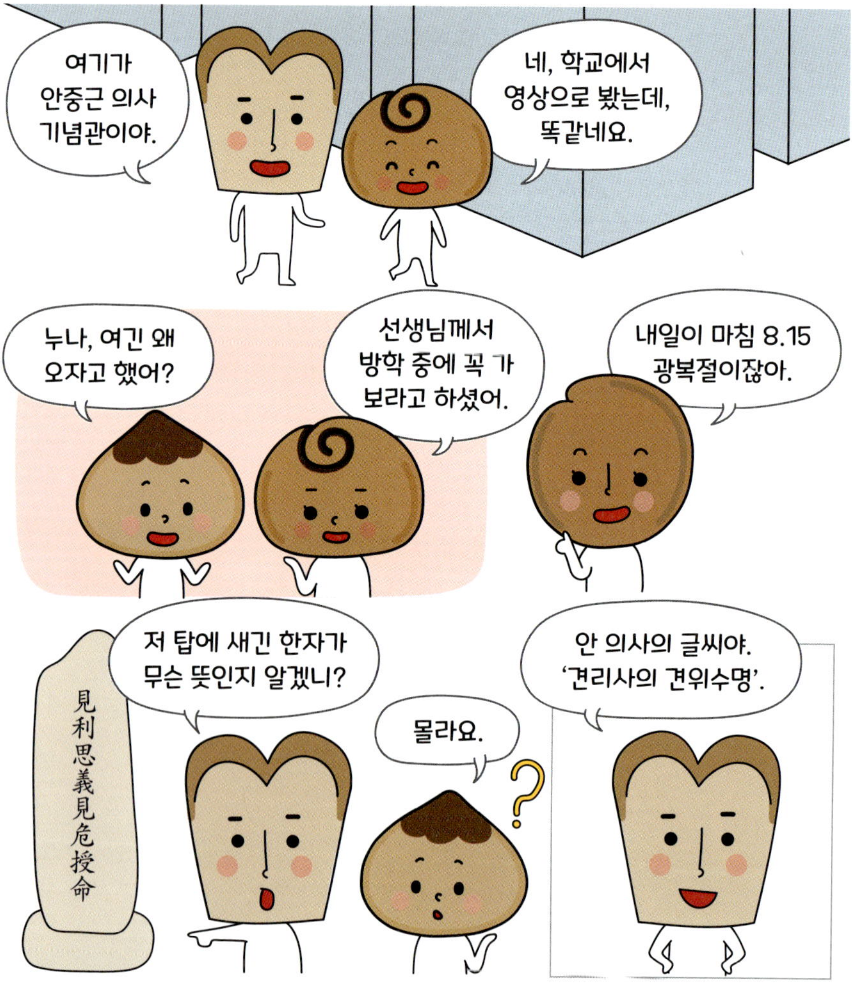

사필귀정

세상의 일은 어떤 경우에는 옳고 그름이 뒤바뀌어 그릇된 것이 일시적으로 힘을 쓰는 것 같습니다. 하지만, 그것은 오래가지 못하고 '**모든 일은 결국 반드시 이치에 맞고 바른 길로 돌아간다.**'는 뜻입니다.

045 산해진미 | 산과 바다에서 나온 보배로운 맛

山 메 산　海 바다 해　珍 보배 진　味 맛 미

산해진미

이 말은 '**산과 바다에서 나는 온갖 진귀한 재료로 풍성하게 차린, 맛 좋은 음식**'을 뜻합니다. 잔칫상과 같이 푸짐하게 차려 낸 음식들을 가리키며, 비슷한 말로 '수륙진미(水陸珍味)'가 있지요.

046 살신성인

자기의 몸을 희생하여 인을 이룬다.

殺 죽일 살 身 몸 신 成 이룰 성 仁 어질 인

살신성인

'인(仁)'은 '남을 사랑하고 어질게 행동하는 일'이므로, 이 말은 **'큰 뜻이나 정의로운 일, 또는 남을 위해 자신을 희생한다.'**는 뜻입니다. 우리 사회에는 자신을 희생하며 남을 돕는 사람들이 많이 있지요.

➜ 이 **사자성어의 유래**에 대해서는 **'부록'**을 참고하세요.

047 삼고초려 | 농막집을 세 번 돌아본다.

三 석 삼 돌아볼 고 草 풀 초 농막집 려(여)

삼고초려

'초려'는 짚으로 지붕을 이고 논밭 가운데 지은 초라한 농막집입니다. 그런 곳에 훌륭한 인재가 있다면, 비록 높은 자리에 있더라도 **'인재를 얻기 위해 참을성 있게 몇 번이고 찾아간다.'**는 뜻입니다.

➔ 이 사자성어의 유래에 대해서는 '부록'을 참고하세요.

048 삼척동자 | 키가 석 자 정도인 어린아이

三 석 삼　尺 자 척　童 아이 동　子 아들 자

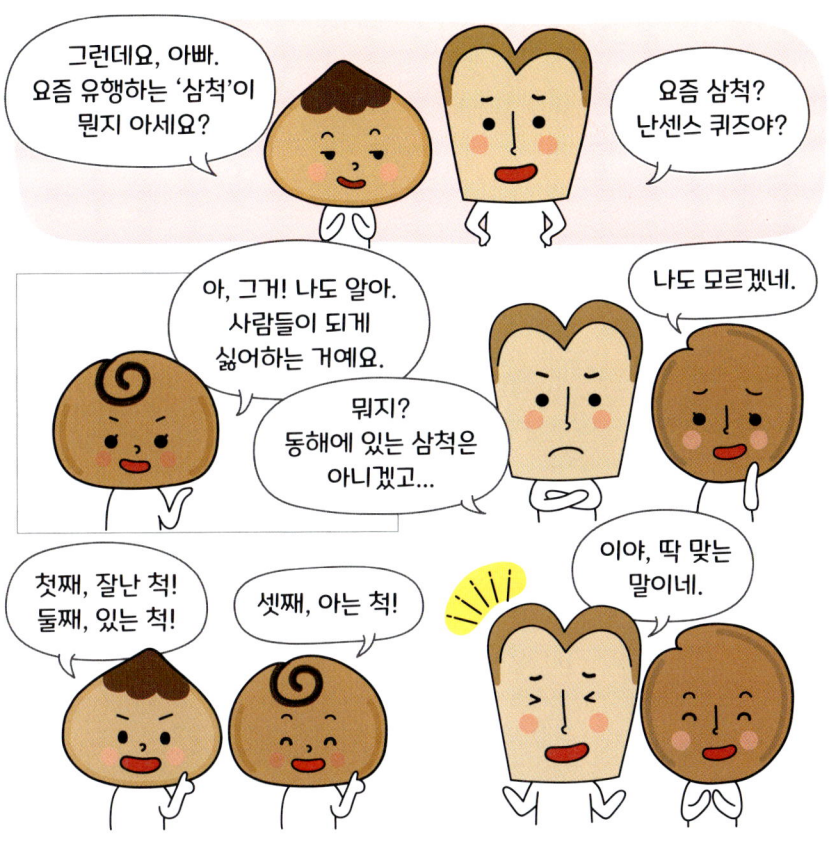

삼척동자

중국 한나라 때의 1척은 약 22cm라고 하므로, 3척은 66cm 정도입니다. 그러므로 이 말은 **'세상 물정 모르는 철없는 어린아이'**를 뜻합니다. 흔히 '삼척동자도 다 안다.'라고 쓰이는데, 이 말은 '세상 사람이 모두 안다.'라는 뜻이지요.

바로 알고, 바로 쓰는 빵빵한 사자성어

049 새옹지마 | 변방 노인의 말

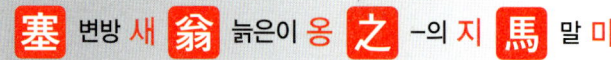
塞 변방 새 翁 늙은이 옹 之 -의 지 馬 말 마

새옹지마

이 말은 '화가 복이 되기도 하고, 복이 화가 되기도 한다.', 또는 '인생의 길흉화복은 예측하기가 어렵다.'는 뜻입니다. 누구에게든지 찾아오는 행복과 불행에 대해 일희일비하지 말라는 교훈이 들어 있지요.

➜ 이 사자성어의 유래에 대해서는 '부록'을 참고하세요.

050 선견지명 | 먼저 앞을 내다보는 지혜

先 먼저 선　見 볼 견　之 -의 지　明 밝을 명

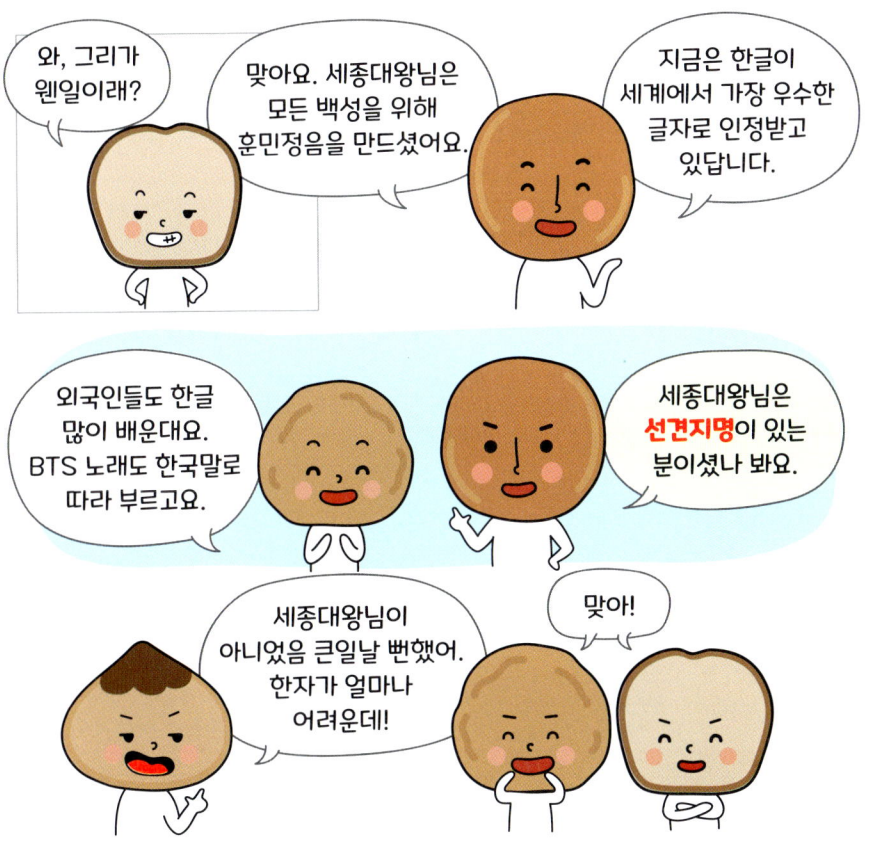

선견지명

'명(明)'은 '명료함, 똑똑함, 빛' 등을 뜻하는데, '지혜'나 '안목'을 가리킵니다. 그래서 이 말은 **'어떤 일이 일어나기 전에 미리 앞을 내다볼 줄 아는 지혜'**의 뜻으로 쓰입니다.

051 설상가상 | 눈 위에 서리가 덮이다.

雪 눈 설 上 위 상 加 더할 가 霜 서리 상

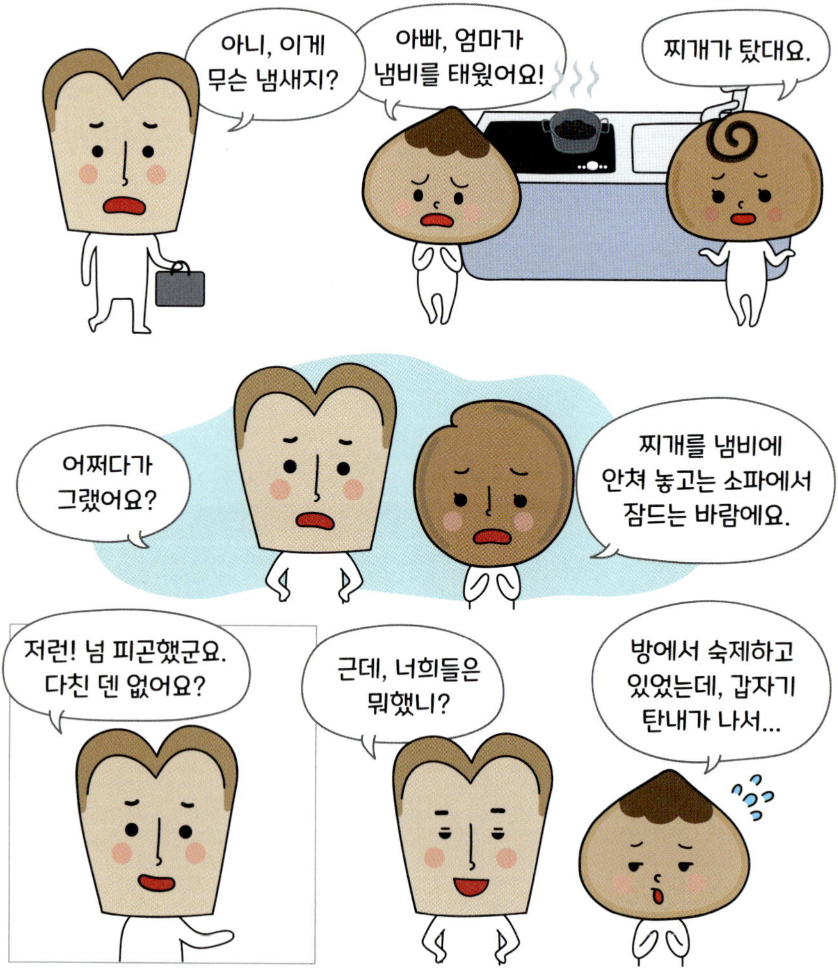

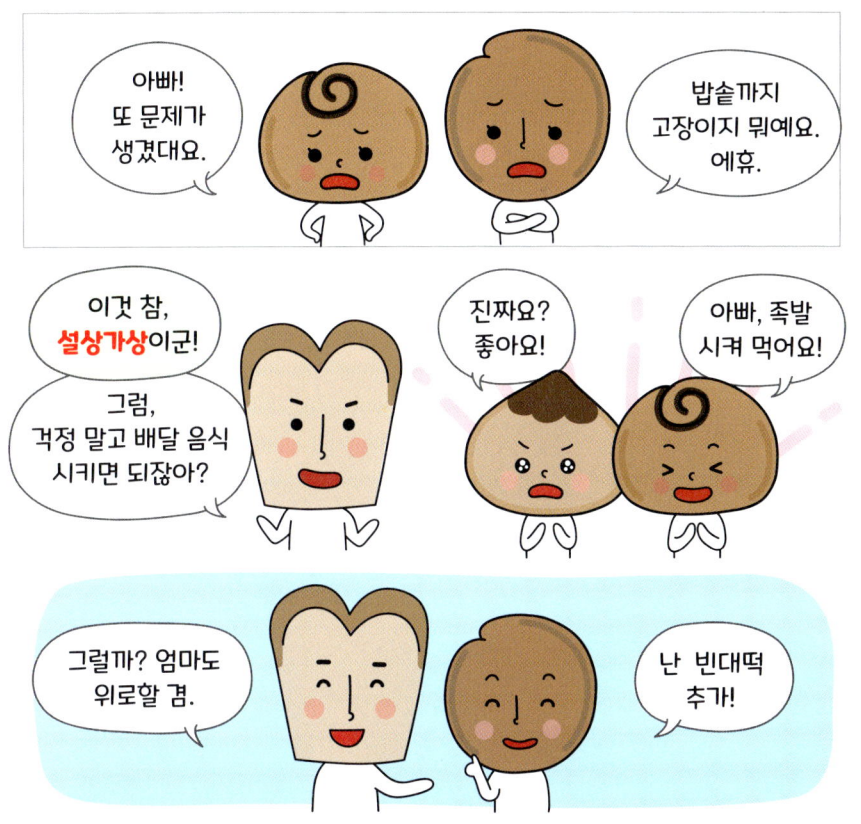

설상가상

'눈'과 '서리'는 고난이나 불행을 비유하는 말들입니다. 그래서 이 말은 **'난처한 일이나 불행한 일이 잇따라 일어난다.'**는 뜻입니다. 우리말 관용어인 '엎친 데 덮치다.'와 같은 뜻이지요.

052 소탐대실 | 작은 것을 탐하다가 큰 것을 잃는다.

 작을 소 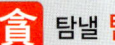 탐낼 탐 큰 대 失 잃을 실

소탐대실

이 말은 '작은 이익에 정신을 팔다가 오히려 더 큰 손해를 입는다.'는 뜻입니다. 하찮은 것에 욕심을 부리다가 진짜 소중한 것을 잃어버리는 어리석은 행동을 가리키지요.

053 속수무책 | 손이 묶여 계책이 없다.

束 묶을 속　手 손 수　無 없을 무　策 꾀 책

속수무책

이 말은 '손이 묶인 것처럼 어찌할 도리가 없어 꼼짝 못한다.'는 뜻입니다. 아무런 방안을 낼 수 없는 답답한 상황을 가리키는데, '속수무책으로 당하다.'와 같은 표현으로 많이 쓰이지요.

054 수수방관 | 소매에 손 넣고 곁에서 보기만 한다.

袖 소매 수　手 손 수　傍 곁 방　觀 볼 관

수수방관

옛날에는 옷에 주머니가 거의 없어서 긴 소매가 의복의 주머니 역할을 했습니다. 그래서 이 말은 '**팔짱을 끼고 보고만 있다.**', 또는 '**간섭하거나 거들지 않고 그대로 버려둔다.**'는 뜻입니다.

바로 알고, 바로 쓰는 빵빵한 사자성어

055 시종일관 | 처음부터 끝까지 하나로 꿰다.

 처음 시 끝날 종 한 일 꿸 관

시종일관

이 말은 어떤 일을 할 때나, 사람에 대한 태도 등이 **'처음부터 끝까지 한결같다.'** 는 뜻입니다. 무슨 일을 할 때 그 일에 임하는 자세가 끝까지 변함없이 꿋꿋한 사람을 칭찬하는 말로 많이 쓰이지요.

056 신출귀몰 | 귀신같이 나타났다가 귀신같이 사라진다.

神 귀신 신　出 나타날 출　鬼 귀신 귀　沒 없어질 몰

신출귀몰

이 말은 흔히 '홍길동처럼 신출귀몰한다.'라고 쓰는 경우가 많습니다. 즉, **'움직임을 쉽게 알 수 없을 만큼 자유자재로 나타나고 사라진다.'**는 뜻입니다. 놀랄 만큼 빠르게 움직이거나, 어떤 사람의 소재 파악이 어려운 경우에 많이 쓰이지요.

057 심기일전 | 마음의 자세를 한번 바꾼다.

 마음 심 틀 기 한 일 변화할 전

심기일전

'심기(心機)'란 '마음의 움직임'입니다. 그래서 이 말은 어떤 계기로 인하여 '이제까지 가졌던 마음가짐을 버리고 완전히 달라진다.'는 뜻입니다. 어려움을 극복하고 새롭게 시작하려는 의지를 나타내는 말이지요.

058 심사숙고

깊이 생각하고 곰곰이 살핀다.

深 깊을 심　思 생각할 사　熟 곰곰이 숙　考 살필 고

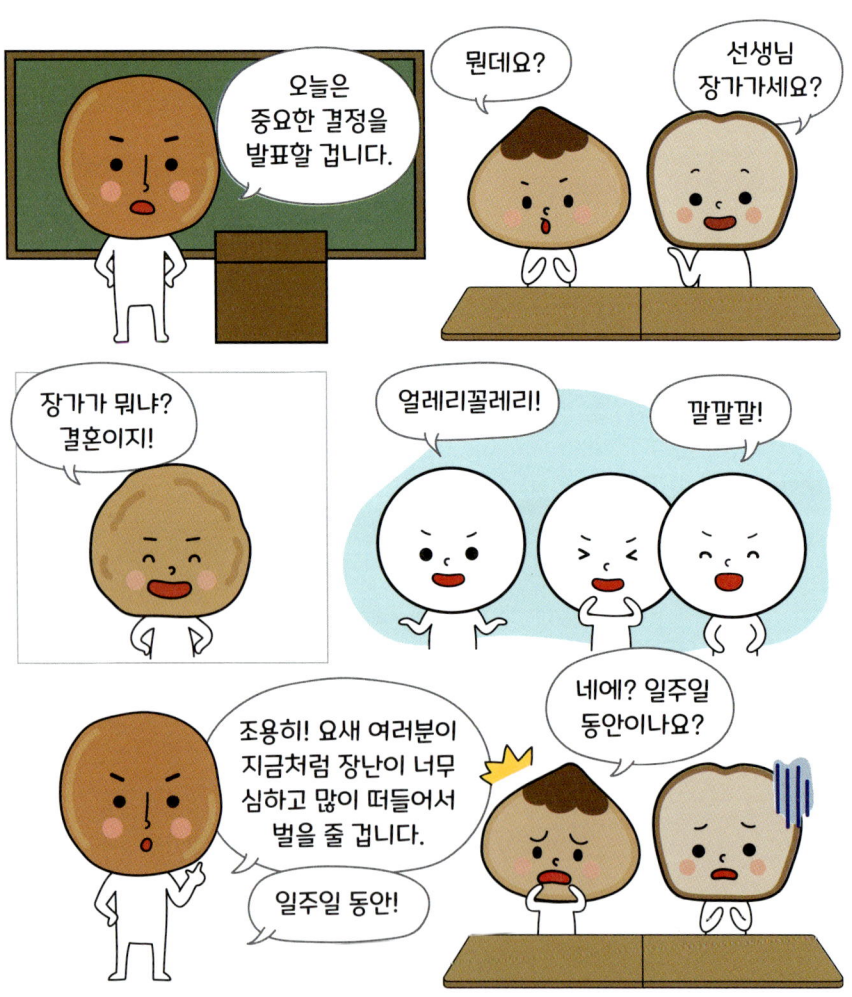

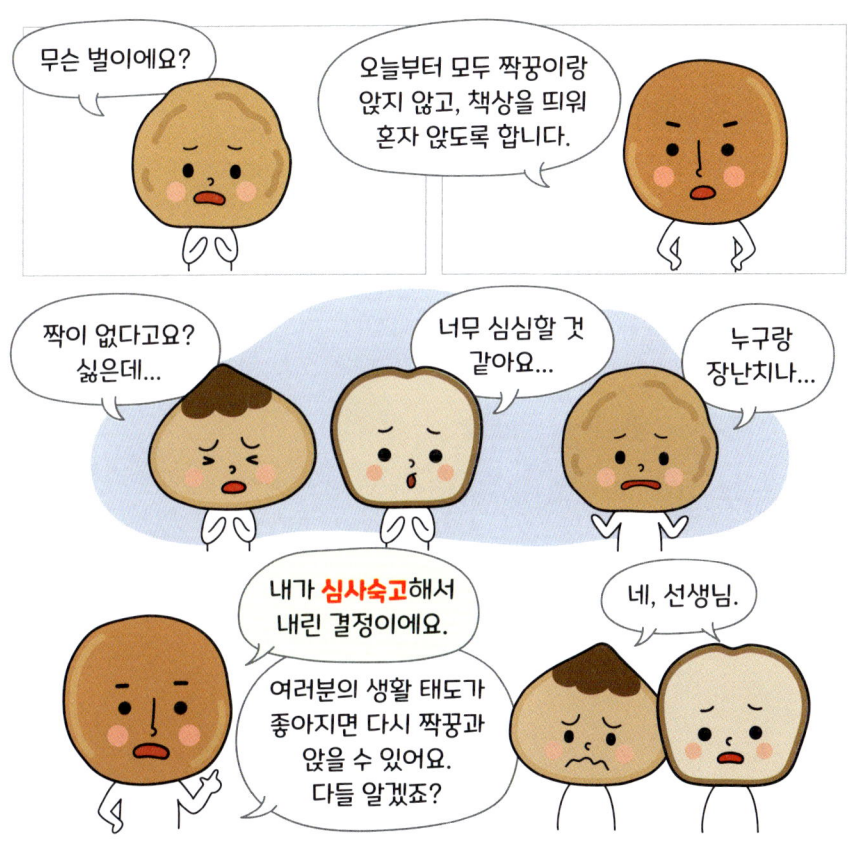

심사숙고

어떤 고민이 있거나 문제가 생겼을 때 많이 쓰는 말로, 중요한 일을 결정하거나 문제 해결을 위해 **'여러 가지를 잘 살펴서 깊고 세심하게 생각한다.'**는 뜻입니다.

059 십시일반 | 열 숟가락이 모이면 밥 한 그릇이 된다.

十 열 십 匙 숟가락 시 一 한 일 飯 밥 반

십시일반

어려운 이웃을 도와줄 때 많이 쓰는 말로서, '여러 사람이 조금씩 힘을 합하면 한 사람을 돕기가 쉽다.'는 뜻입니다. 작은 시냇물들이 모여 큰 강을 이루는 이치와 같지요.

060 십중팔구 | 열 가운데 여덟이나 아홉 정도

 열 십 가운데 중 여덟 팔 九 아홉 구

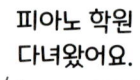

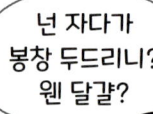

십중팔구

어떤 일의 결과에 대한 예상이나 짐작이 거의 들어맞을 때, 즉 80~90퍼센트의 확신이 들 때 쓰는 말로서, **'거의 대부분이거나 거의 틀림없음.'** 이라는 뜻입니다.

바로 알고, 바로 쓰는
빵빵한 사자성어

61. 아전인수 (我田引水)
62. 애지중지 (愛之重之)
63. 어부지리 (漁父之利)
64. 어불성설 (語不成說)
65. 언중유골 (言中有骨)
66. 역지사지 (易地思之)
67. 오리무중 (五里霧中)
68. 오매불망 (寤寐不忘)
69. 오비이락 (烏飛梨落)
70. 온고지신 (溫故知新)
71. 외유내강 (外柔內剛)
72. 용두사미 (龍頭蛇尾)
73. 우문현답 (愚問賢答)
74. 우왕좌왕 (右往左往)
75. 우유부단 (優柔不斷)
76. 우이독경 (牛耳讀經)
77. 유구무언 (有口無言)
78. 유비무환 (有備無患)
79. 유언비어 (流言蜚語)
80. 유유상종 (類類相從)
81. 의기양양 (意氣揚揚)
82. 이구동성 (異口同聲)
83. 이심전심 (以心傳心)
84. 인과응보 (因果應報)
85. 인산인해 (人山人海)
86. 인지상정 (人之常情)
87. 일석이조 (一石二鳥)
88. 일취월장 (日就月將)
89. 일편단심 (一片丹心)
90. 임기응변 (臨機應變)

061 아전인수 | 제 밭에 물 끌어온다.

我 나 아 田 밭 전 引 끌 인 水 물 수

아전인수

가뭄이 들어 모든 밭에 물이 부족한데 '물길을 자기 밭으로만 끌어다 댄다.'는 말로, **'자기한테만 이익이 되도록 생각하거나 행동한다.'**는 뜻입니다. '제 논에 물 대기'라는 속담과 같은 뜻이지요.

062 애지중지 | 사랑하고 중하게 여기다.

 사랑 애 이 지  무거울 중 이 지

애지중지

'지(之)'의 뜻은 대명사 '이(이것)'로, '어떤 대상(사람이나 사물)'을 가리킵니다. 그러므로 이 말은 **'어떤 사람이나 사물을 매우 아끼고 소중히 여기다.'**는 뜻입니다. 부모가 자식을 지극하게 돌볼 때나, 귀한 물건을 소중히 다룰 때 쓰는 말이지요.

063 어부지리 | 어부의 이익

 고기 잡을 어 아비 부 -의 지 이로울 리(이)

모두 모니터를 보세요. 무슨 그림이죠?

큰 조개가 새의 부리를 꽉 물고 있어요.

다음 그림을 볼까요?

와, 어부가 새와 조개를 다 잡아가요.

이 그림이 뜻하는 게 뭘까요?

새와 조개가 서로 싸우다 둘 다 잡혔어요.

어부만 땡잡았어요!

저런 걸 **어부지리**라고 하지 않나요?

어부지리

싸우고 있는 조개와 도요새를 어부가 동시에 잡았다는 이야기에서 나온 말입니다. **'둘이 서로 다투는 사이에 제3자가 힘들이지 않고 챙기는 이득'**이란 뜻입니다.

➔ 이 **사자성어의 유래**에 대해서는 **'부록'**을 참고하세요.

064 어불성설 | 말이 말을 이루지 못한다.

 말씀 어 아닐 불 이룰 성 말씀 설

어불성설

'어(語)'는 입에서 나오는 말, '설(說)'은 이치나 도리에 맞는 말입니다. 그러므로 이 말은 **'말의 앞뒤가 조금도 일의 이치에 맞지 않는다.'** 는 뜻입니다. 자기변명하거나 잘못된 주장을 내세우며 억지를 부릴 때 이런 말을 듣게 되지요.

065 언중유골
말 가운데 뼈가 있다.

 말씀 언 가운데 중 있을 유 뼈 골

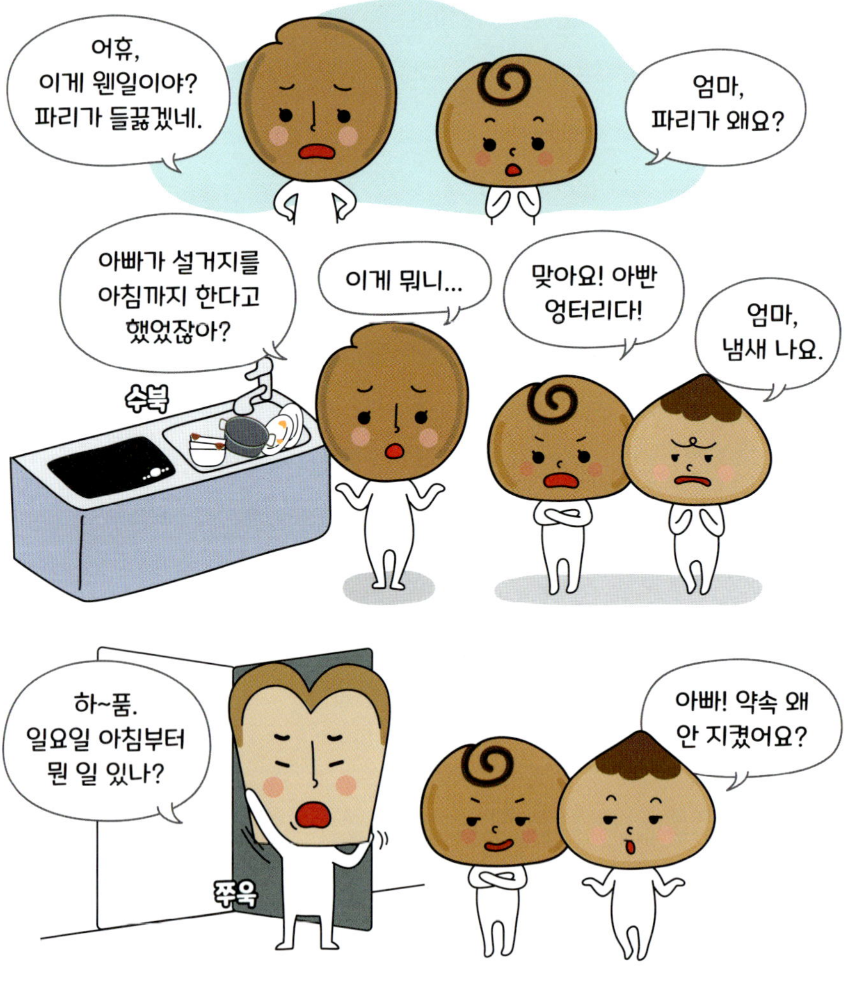

언중유골

살 속에 들어 있는 뼈는 겉으로 드러나지 않습니다. 그와 같이 이 말은 **'부드럽고 예사로운 말 속에 단단한 속뜻이 숨어 있다.'**는 뜻입니다. 꼭 해야 할 말, 비판하는 말을 상대의 감정이 상하지 않게 농담처럼 돌려서 말할 경우에 쓰이지요.

066 역지사지 | 처지를 바꾸어 생각해 본다.

易 바꿀 역 처지 지 생각할 사 이 지

이번엔 '아빠와 엄마' 팀 시작하세요.

여보! 카드 지출이 왜 이렇게 많죠?

뭐가 많다고 그래요? 꼭 써야 할 곳에 썼는데!

이건 술 값, 이건 택시 요금, 이건 커피...

아이고, 내가 못살아!

진짜 웃겨!

좀스럽게 왜 그래요? 돈 버느라 난 완전 개고생을 하는데!

난 집에서 놀아요? 살림살이가 얼마나 힘든지 알기나 해요?

역지사지

끝의 '지(之)'는 대명사 '이것(그것)'으로서 앞의 '지(처지)'를 가리킵니다. 그러므로 이 말은 남을 잘 이해하기 위해서 **'상대의 처지나 입장이 되어 생각해 본다.'**는 뜻입니다.

➔ 이 사자성어의 유래에 대해서는 '부록'을 참고하세요.

067 오리무중 | 오 리가 안갯속이다.

五 다섯 오 거리 리 안개 무 가운데 중

오리무중

'오 리(五里)'는 약 20km의 거리인데, 온통 안개로 뒤덮여 있다면 아무것도 안 보이게 됩니다. 그러므로 이 말은 **'무슨 일에 대하여 방향이나 갈피를 잡을 수 없다.'**는 뜻입니다.

➔ 이 **사자성어의 유래**에 대해서는 **'부록'**을 참고하세요.

바로 알고, 바로 쓰는 빵빵한 사자성어

068 오매불망
자나 깨나 잊지 못하다.

寤 잠깰 오 잘 매 不 아닐 불 잊을 망

오매불망

이 말은 '사랑하는 사람을 그리워하여 잠 못 들다.', 또는 '근심이나 생각이 많아 잠 못 든다.'는 뜻으로 쓰입니다.

➜ 이 사자성어의 유래에 대해서는 '부록'을 참고하세요.

069 오비이락 | 까마귀 날자 배 떨어진다.

鳥 까마귀 오   飛 날 비   梨 배 리(이)   落 떨어질 락

오비이락

어떤 두 가지 일이 우연히 동시에 일어나는 경우가 있습니다. 이처럼 이 이 말은 **'아무 관계도 없이 한 일이 공교롭게도 때가 같아 공연히 의심을 받거나 난처한 처지에 놓이게 된다.'** 는 뜻입니다.

➜ 이 **사자성어**의 유래에 대해서는 '**부록**'을 참고하세요.

070 온고지신 | 옛것을 익혀서 새것을 안다.

溫 익힐 온　故 옛 고　知 알 지　新 새로울 신

온고지신

이 말은 '옛 지식이나 문화 등을 잘 파악해서 익힘으로써 새 지식과 문화를 더 잘 알 수 있다.'는 뜻입니다. 과거의 지식이나 문화가 있었기 때문에 현재의 발전이 가능한 것이지요.

➡ 이 **사자성어의 유래**에 대해서는 **'부록'**을 참고하세요.

바로 알고, 바로 쓰는 빵빵한 사자성어

071 외유내강 | 밖은 부드러우나 안은 굳세다.

外 밖 외　柔 부드러울 유　內 안 내　剛 굳셀 강

외유내강

이 말은 **'겉으로는 부드럽고 순하게 보이나 속은 곧고 굳세다.'**는 뜻입니다. 보기에는 아주 약하고 부드러운 것 같지만, 실은 매우 강한 의지를 가진 사람을 가리키는 말이지요.

072 용두사미 | 용 머리에 뱀 꼬리

龍 용 룡(용) 頭 머리 두 蛇 뱀 사 尾 꼬리 미

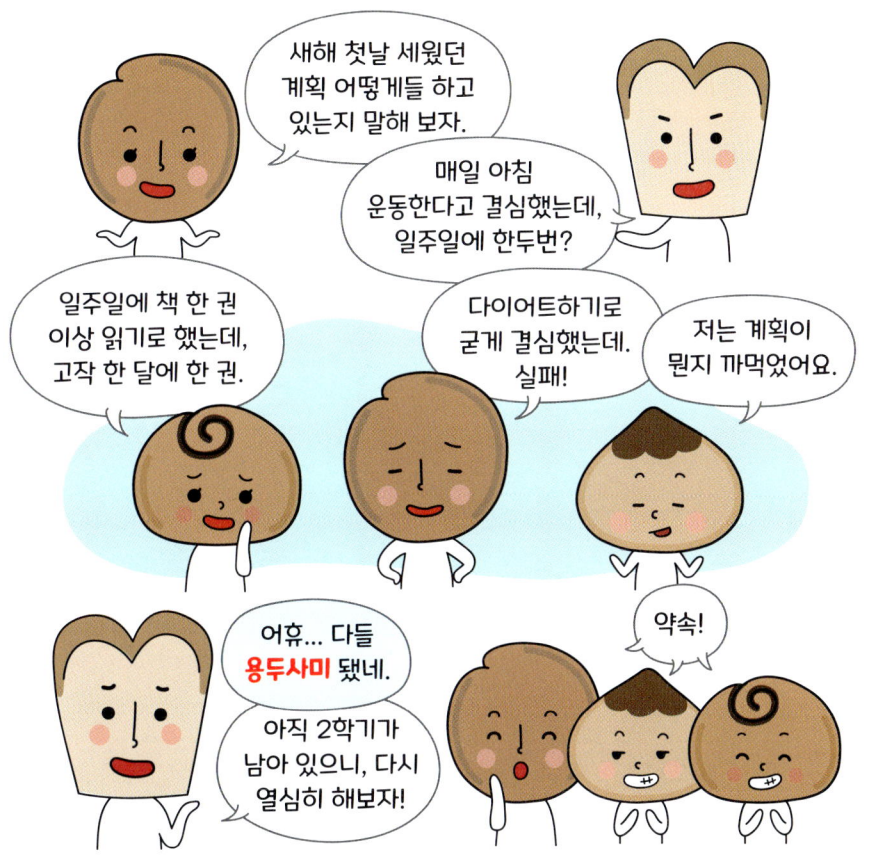

용두사미

어떤 말이나 일이 '시작은 거창하고 요란스러우나 끝은 보잘것없다.'는 뜻입니다. 무슨 일을 하든지 시작을 했으면 계획대로 마무리를 잘하는 습관을 들여야 성공하는 삶을 살 수 있지요.

➜ 이 **사자성어의 유래**에 대해서는 '**부록**'을 참고하세요.

073 우문현답 | 어리석은 질문에 현명한 대답

 어리석을 우 물을 문 현명할 현 대답할 답

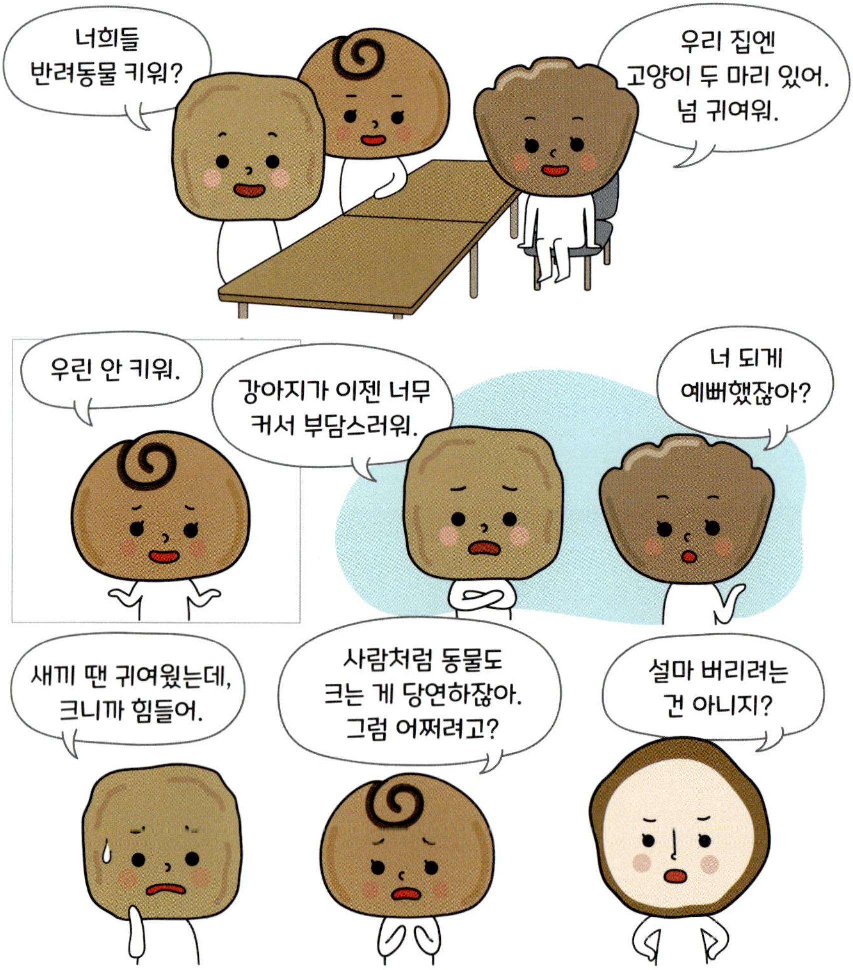

우문현답

이 말은 글자 뜻 그대로, 문제가 무엇인지도 잘 알지 못하고 던지는 '**바보 같고 어리석은 질문에 대한 정확하고 현명한 대답**'이란 뜻입니다. 대답을 잘하는 사람을 칭찬하거나, 엉터리로 질문하는 사람을 비판할 때 쓰이지요.

우왕좌왕

이 말은 '이리저리 왔다 갔다 하며 허둥대는 모습', 또는 '어떤 일이나 가야 할 방향을 정하지 못하고 갈팡질팡하는 태도'를 가리킬 때 쓰는 말입니다.

075 우유부단
부드럽고 약하여 끊지 못한다.

 넉넉할 우 부드러울 유 아닐 부 끊을 단

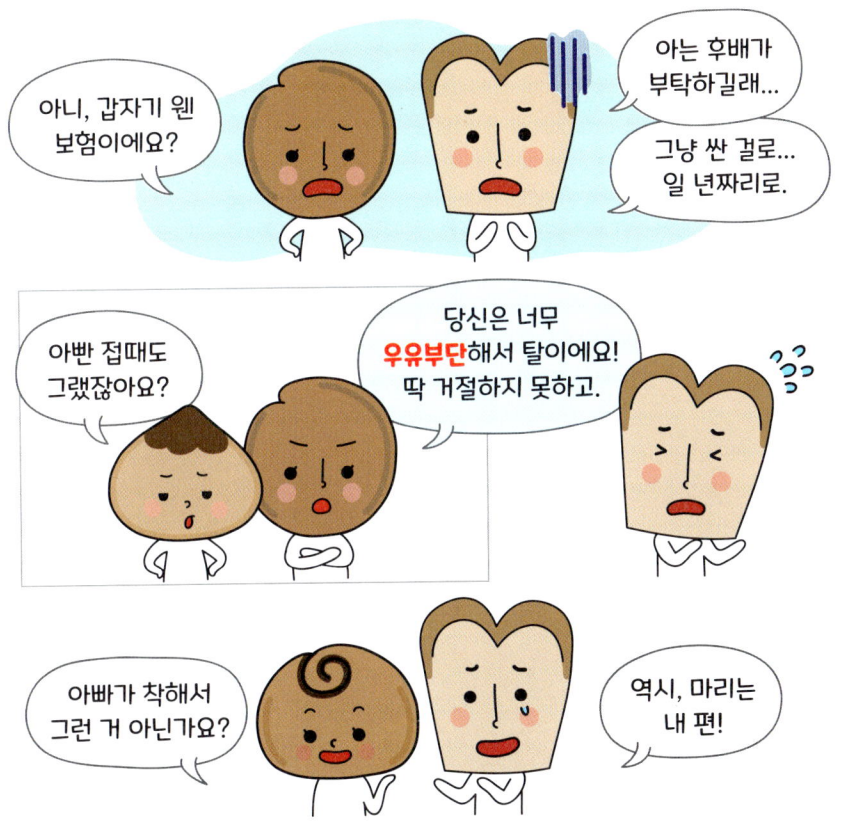

우유부단

'우(優)'는 '유(柔)'와 마찬가지로 '부드럽다'는 뜻을 가지고 있으므로, '우유'는 '성격이 매우 부드럽고 약함.'을 가리킵니다. 그러므로 이 말은 '**어물어물 망설이기만 하고 결단성이 없다.**'는 뜻입니다.

076 우이독경 | 쇠귀에 경을 읽다.

 소 우 귀 이 읽을 독 글 경

우이독경

'경(經)'이란 '유교의 사상과 교리를 써 놓은 책'입니다. 소의 귀에 대고 이런 좋은 책을 읽어 봐야 소가 전혀 알아듣지 못하는 것처럼, 이 말은 **'아무리 가르치고 일러 주어도 알아듣지 못하거나 효과가 없다.'**는 뜻입니다.

➔ 이 **사자성어의 유래**에 대해서는 **'부록'**을 참고하세요.

077 유구무언 | 입이 있어도 할 말은 없다.

 있을 유 입 구 없을 무 말씀 언

유구무언

이 말은 어떤 잘못이 확실하게 명백히 드러나서 '**달리 변명할 말이 아무것도 없다.**'는 뜻입니다. 우리말 가운데 '입이 열 개라도 할 말이 없다.'는 표현도 이와 같은 뜻이지요.

078 유비무환 | 준비가 있으면 근심이 없다.

 있을 유 갖출 비 없을 무 근심 환

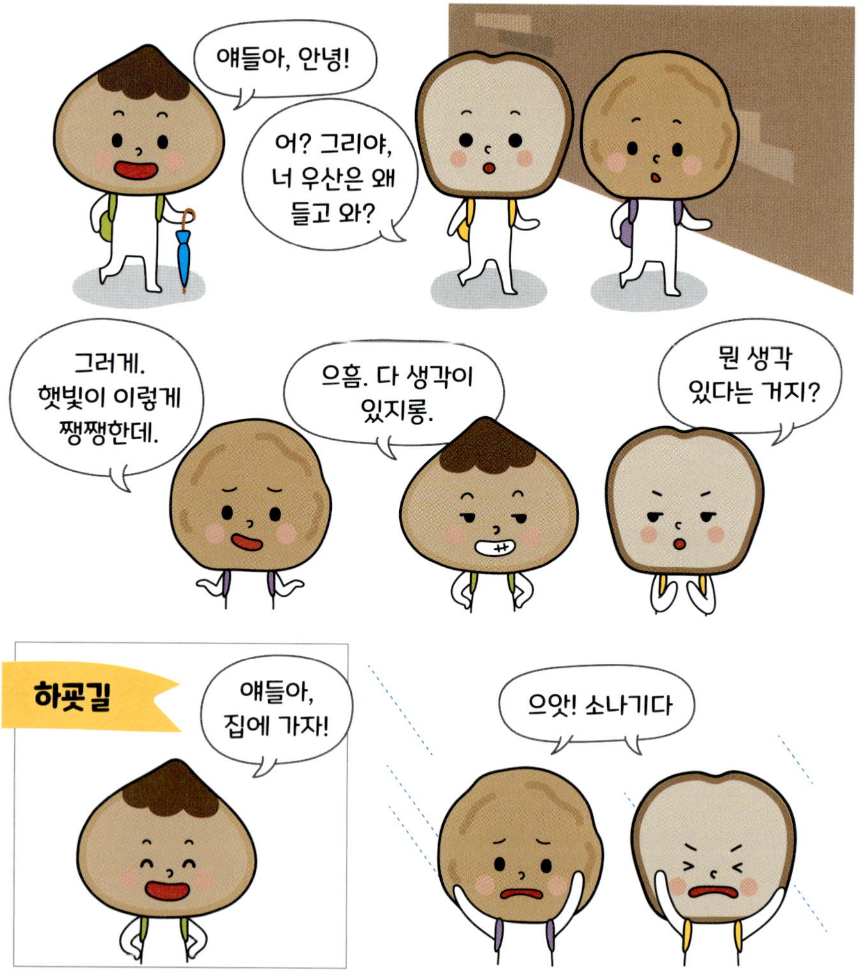

유비무환

어떤 일이 일어날 것인지 예측하여 '미리 준비를 잘해 두면, 근심할 일이 없다.'는 뜻입니다. 자연재해가 닥쳐와도 미리 대비를 잘해 둔 사람은 피해를 덜 입게 되는 것처럼, 준비는 늘 중요하지요.

➡ 이 사자성어의 유래에 대해서는 '부록'을 참고하세요.

079 유언비어 | 흘러 다니는 말과 날아다니는 말

流 흐를 유(류)　言 말씀 언　蜚 날 비　語 말씀 어

유언비어

이리저리 세상에 떠돌아다니는 말로, **'근거 없이 널리 퍼진 소문'**을 뜻합니다. 이러한 유언비어는 시간이 지날수록 점점 부풀려져서 개인이나 사회에 악영향을 끼치기 때문에 매우 주의해야 하지요.

080 유유상종 | 비슷한 무리끼리 서로 따른다.

類 무리 유(류)　類 무리 유(류)　相 서로 상　從 좇을 종

유유상종

'유(類)'는 '비슷하다', '종(從)'은 '모이다'는 뜻도 가지고 있습니다. 그러므로 이 말은 **'생각이나 가치가 비슷한 사람들끼리 서로 따르며 모여 어울려 다닌다.'**는 뜻입니다. 우리말의 '끼리끼리 모인다.'는 표현도 이와 같지요.

바로 알고, 바로 쓰는 빵빵한 사자성어

081 의기양양 | 뜻을 이룬 기운이 차오르다.

意 뜻 의 氣 기운 기 揚 오를 양 揚 오를 양

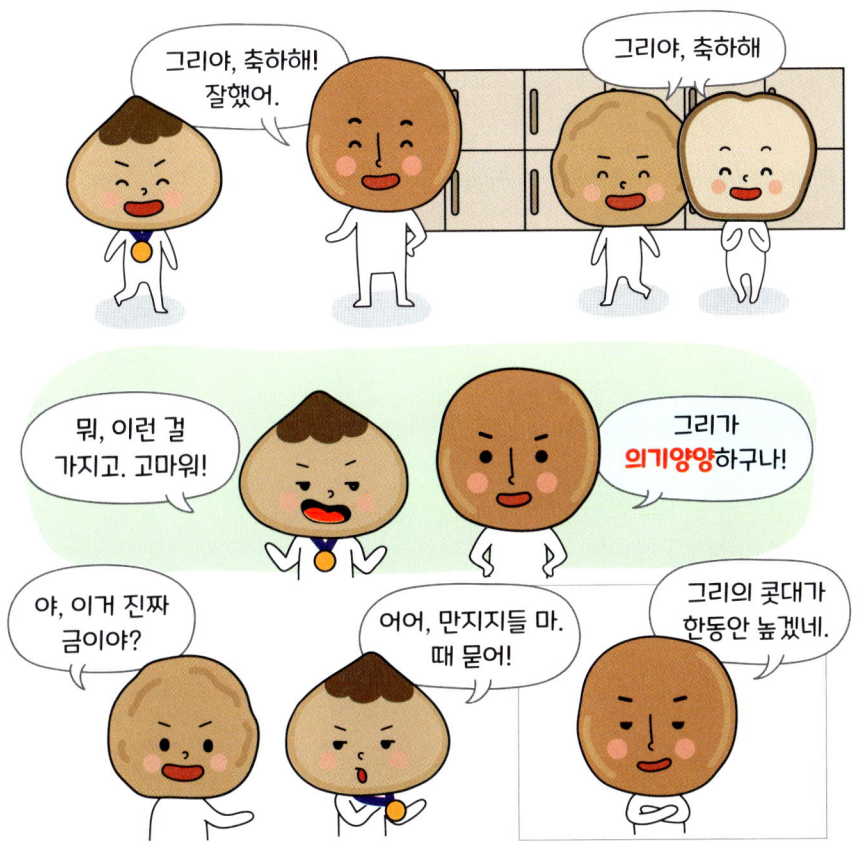

의기양양

이 말은 **'뜻한 바를 이루어 만족한 마음이 얼굴에 가득 나타난 모양'**을 뜻합니다. 때로는 '으쓱대며 자만하는 모습'을 가리키기도 하지요.

➜ 이 **사자성어의 유래**에 대해서는 **'부록'**을 참고하세요.

082 이구동성 | 입은 다르나 목소리는 같다.

 다를 이(리) 입 구 한가지 동 소리 성

이구동성

'입[口]'은 '인구(人口)', '식구(食口)' 등에서 쓰이듯 '사람'을 가리킵니다. 그래서 이 말은 **'여러 사람의 말이 한결같다.'**는 뜻으로, 어떤 문제에 대한 여러 사람들의 의견이나 입장이 같을 때 쓰입니다.

바로 알고, 바로 쓰는 빵빵한 사자성어

083 이심전심 | 마음에서 마음으로 전한다.

以 써 이 心 마음 심 傳 전할 전 心 마음 심

이심전심

원래는 불교에서 '마음으로 깨달음을 전한다.'는 뜻으로 쓰이던 말인데, 사람과 사람 사이에 말글이 아니더라도 **'마음과 마음으로 서로 뜻이 통한다.'**는 뜻으로 쓰입니다.

➜ 이 **사자성어의 유래**에 대해서는 **'부록'**을 참고하세요.

084 인과응보 | 원인과 결과는 서로 응하여 갚는다.

因 인할 인　果 열매 과　應 응할 응　報 갚을 보

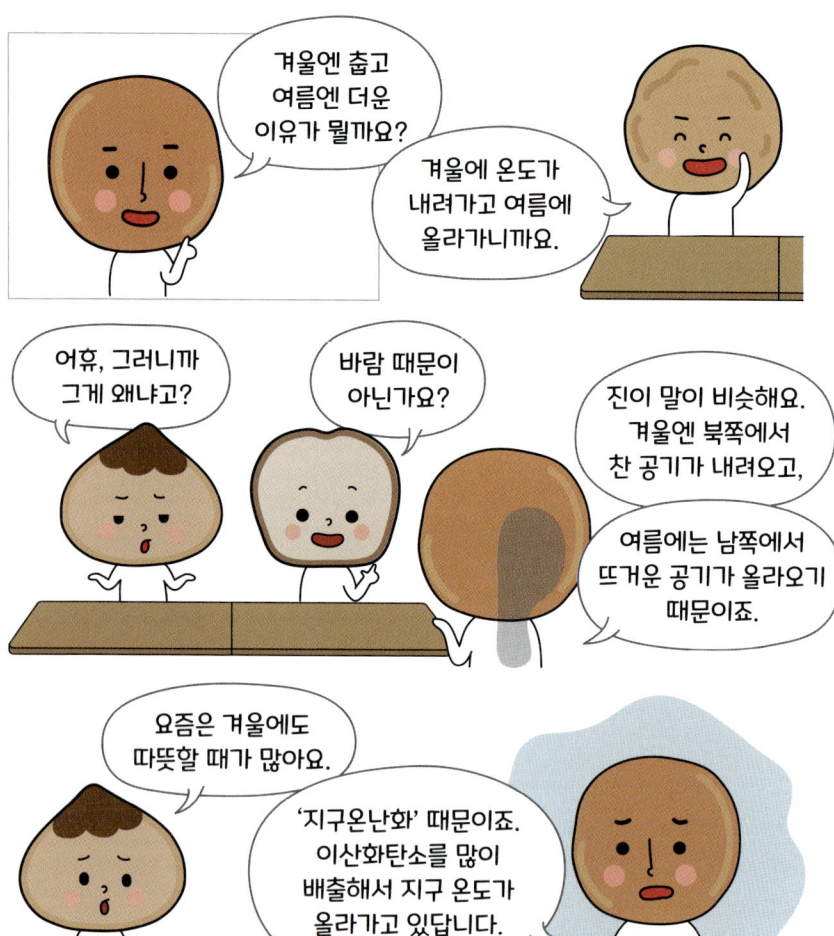

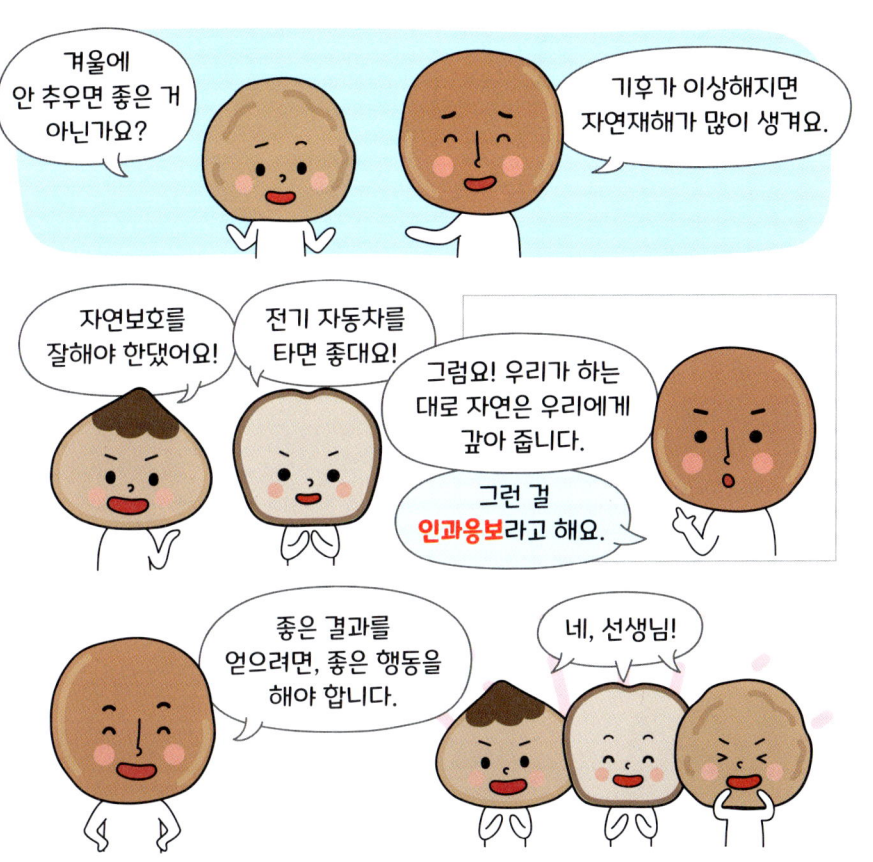

인과응보

불교에서 나온 말로, 모든 일은 **'행한 대로 결과를 얻는다.'**는 뜻입니다. '뿌린 만큼 얻는다.', '착하면 복을 받는다.'는 말들도 비슷한 뜻이지요.

➜ 이 **사자성어의 유래**에 대해서는 **'부록'**을 참고하세요.

085 인산인해 | 사람으로 산을 이루고 바다를 이루다.

人 사람 인 山 메 산 人 사람 인 海 바다 해

인산인해

축제 때나 유명한 가수의 공연장에 가 보면 사람들이 엄청 많이 와서 셀 수 없을 정도입니다. 이와 같이 이 말은 **'사람이 수없이 많이 모인 상태'**를 뜻합니다.

086 인지상정 | 사람이 가진 보통의 마음

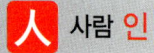 사람 인 -의 지 항상 상 뜻 정

인지상정

'상정(常情)'이란 '사람이 항상 가지고 있는 뜻(마음)'을 가리키므로, 이 말은 기쁨, 슬픔, 즐거움 등 **'사람이면 누구나 가지는 보통의 정서나 감정'**을 뜻합니다.

087 일석이조 | 한 개의 돌로 두 마리 새를 잡는다.

一 한 일　石 돌 석　二 두 이　鳥 새 조

일석이조

새 한 마리 잡으려고 돌을 던졌는데 뜻밖에 두 마리를 잡은 경우처럼, 이 말은 **'동시에 두 가지 이득을 본다.'**는 뜻입니다. '일거양득(一擧兩得)'이란 말도 비슷한 뜻이지요.

088 일취월장 | 나날이 이루고 다달이 나아간다.

日 날 일　就 이룰 취　月 달 월　將 나아갈 장

일취월장

이 말은 '**끊임없이 노력하여 계속해서 발전해 나간다.**'는 뜻입니다. 공부든 운동이든 하루가 다르게 변화, 성장, 발전하기 위해서는 남다른 노력이 필요하지요.

➜ 이 **사자성어의 유래**에 대해서는 '**부록**'을 참고하세요.

089 일편단심 | 한 조각의 붉은 마음

一 한 일 片 조각 편 丹 붉을 단 心 마음 심

일편단심

'붉은 마음'이란 충성심과 같은 정성스러운 마음을 말합니다. 그래서 이 말은 **'진심에서 우러나오는 변치 않는 마음'**을 뜻합니다. 사랑을 맹세하는 노랫말에 많이 등장하는 말이지요.

➜ 이 **사자성어의 유래**에 대해서는 **'부록'**을 참고하세요.

바로 알고, 바로 쓰는 빵빵한 사자성어

090 임기응변 | 때에 맞추어 알맞게 대응한다.

臨 임할 임(림) 機 때 기 應 응할 응 變 변할 변

임기응변

'응변(應變)'이란 '상황에 따라 변화하면서 대응함.'을 이릅니다. 즉, 이 말은 어떤 일을 당했을 때 당황하지 않고 **'그때그때의 형편에 따라 알맞게 일을 처리한다.'** 는 뜻입니다.

➜ 이 **사자성어의 유래**에 대해서는 **'부록'**을 참고하세요.

바로 알고, 바로 쓰는
빵빵한 사자성어

91. 자격지심 (自激之心)

92. 자업자득 (自業自得)

93. 자초지종 (自初至終)

94. 자포자기 (自暴自棄)

95. 자화자찬 (自畵自讚)

96. 작심삼일 (作心三日)

97. 적반하장 (賊反荷杖)

98. 전전긍긍 (戰戰兢兢)

99. 전화위복 (轉禍爲福)

100. 좌불안석 (坐不安席)

101. 좌충우돌 (左衝右突)

102. 주마간산 (走馬看山)

103. 죽마지우 (竹馬之友)

104. 진퇴양난 (進退兩難)

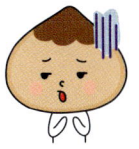

091 자격지심 | 자기 스스로 부족하다고 여기는 마음

自 스스로 자 **激** 격할 격 **之** -의 지 **心** 마음 심

자격지심

'격(激)'의 뜻은 '심하다, 격렬하다'입니다. 그러니까 이 말은 스스로 심하게 괴롭힐 정도로 어떤 일에 대해 **'자기 자신을 미흡하게 여기는 마음'**이란 뜻입니다.

092 자업자득 | 자기가 저지른 일의 결과를 자기가 받는다.

 스스로 자 일 업 스스로 자 얻을 득

자업자득

불교에서 나온 말로, **'자기가 저지른 일로 인한 나쁜 결과는 본인 스스로가 받는다.'**는 뜻입니다. 이 말은 부정적으로 쓰입니다. 즉, 노력하여 성공했을 때는 쓰지 않고, 본인이 게을러서 실패할 경우에 "다 너의 자업자득이지."라는 소리를 듣게 되지요.

093 자초지종 | 처음부터 끝까지

自 부터 자 初 처음 초 至 이를 지 終 마칠 종

자초지종

어떤 일이 일어난 이유와 순서에 대해서 설명할 때 쓰이는 말로서, **'처음부터 끝까지의 과정'**을 뜻합니다. '어떻게 된 일인지 자초지종을 자세히 말해 보아라.'와 같은 문장으로 많이 쓰이지요.

094 자포자기 | 스스로 해치고 스스로 버린다.

 스스로 자 사나울 포 스스로 자 버릴 기

자포자기

'자포(自暴)'는 '자기 자신을 모질게 하며 해치는 것'이므로, 이 말은 **'절망에 빠져 스스로 자신을 포기하고 돌아보지 않는다.'** 는 뜻입니다. 이 세상에서 자신이 가장 소중한 존재임을 늘 잊지 말아야겠지요.

➜ 이 **사자성어의 유래**에 대해서는 **'부록'** 을 참고하세요.

095 자화자찬 | 자기의 그림을 스스로 칭찬한다.

 스스로 자 그림 화 스스로 자 기릴 찬

자화자찬

이 말은 원래 동양화에서 '자기가 그린 그림에 대해 설명하기 위해 붙인 글'을 가리키는 말인데, **'자기가 한 일을 스스로 자랑한다.'** 는 뜻으로 쓰입니다. 보통은 겸손하지 못한 것을 꼬집을 때 쓰이는 말이지요.

바로 알고, 바로 쓰는 빵빵한 사자성어

096 작심삼일 | 단단히 먹은 마음이 사흘을 가지 못한다.

 지을 작 마음 심 석 삼 날 일

모두 생활 실천 카드 꺼내세요.

실천

일주일 동안 자기가 실천하기로 한 일, 잘 기록했나요?

네, 했습니다!

어휴... 어쩌지?

먼저 똘이가 말해 볼까요?

매일 아침 줄넘기 100번씩 했습니다!

잘했어요! 다음, 진이는 무엇을 했죠?

잠자기 전에 매일 동화책을 읽었어요!

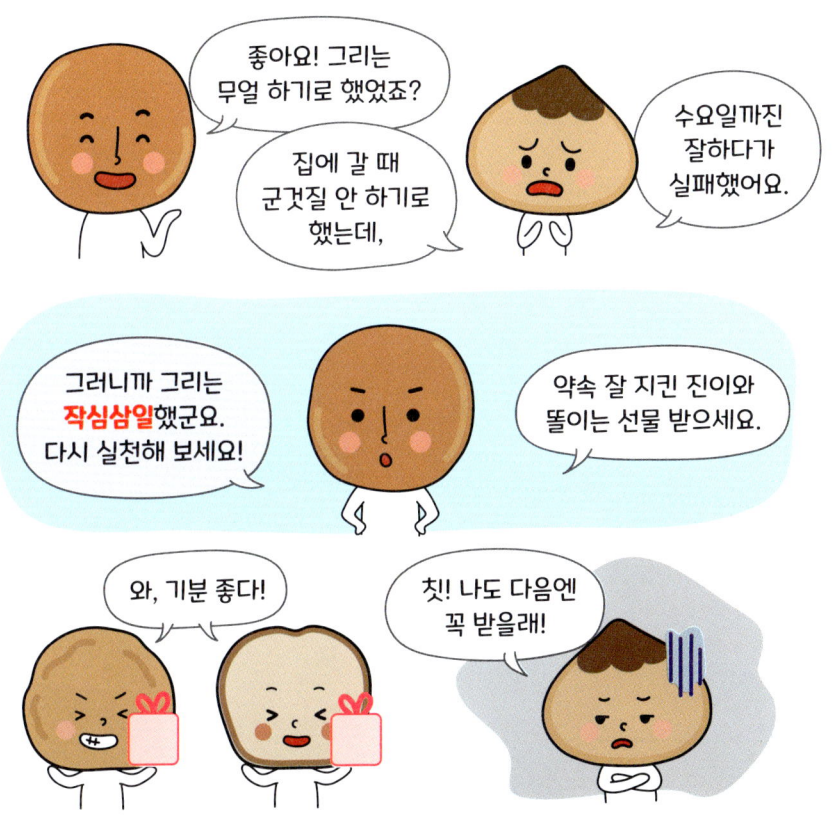

작심삼일

'작심(作心)'은 의도적으로 '무엇을 하겠다(하지 않겠다).' 하고 가지는 마음이므로, 이 말은 **'굳게 한 결심이 오래가지 못한다.'**는 뜻입니다. 무슨 일이든 실천하려면 꾸준한 노력이 필요하지요.

097 적반하장 | 도둑이 도리어 몽둥이를 멘다.

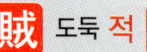
賊 도둑 적 反 도리어 반 荷 멜 하 杖 몽둥이 장

적반하장

나쁜 짓을 하는 도둑이 주인한테 몽둥이 들고 덤비는 것처럼, 이 말은 **'잘못을 저지른 사람이 오히려 아무 잘못도 없는 사람을 나무란다.'**는 뜻입니다. '방귀 뀐 놈이 성낸다.'는 속담도 이와 비슷한 뜻이지요.

098 전전긍긍 | 몹시 두려워 벌벌 떤다.

 두려워할 전 두려워할 전 떨릴 긍 떨릴 긍

전전긍긍

이 말은 **'몹시 두려워서 벌벌 떨며 조심한다.'**는 뜻입니다. 어떤 잘못을 저질렀거나, 어떤 결정을 하지 못하여 고민하며 안절부절못하는 상태를 가리킵니다.

➜ 이 사자성어의 유래에 대해서는 **'부록'**을 참고하세요.

099 전화위복 | 화가 바뀌어 복이 된다.

 바꿀 전 재앙 화 될 위 복 복

전화위복

'화(禍)'는 인생에서 부딪치는 재앙이나 걱정 등 불행한 일들을 가리키므로, 이 말은 '**재앙이나 근심, 걱정이 바뀌어 오히려 복이 된다.**'는 뜻입니다. 어떤 어려움 속에서도 희망을 잃지 말아야 하겠지요?

➜ 이 **사자성어의 유래**에 대해서는 '**부록**'을 참고하세요.

100 좌불안석 | 앉아 있어도 편안한 자리가 아니다.

坐 앉을 좌　不 아닐 불　安 편안 안　席 자리 석

좌불안석

이 말은 '**불안하거나 초조하여 한자리에 진득하게 앉아 있지 못한다.**'는 뜻입니다. 어떤 모임에 참석했는데 매우 불편하거나, 원하지 않는 사람을 만났을 때의 상태를 가리킬 때 많이 쓰는 말이지요.

➜ 이 **사자성어의 유래**에 대해서는 '**부록**'을 참고하세요.

바로 알고, 바로 쓰는 빵빵한 사자성어

101 좌충우돌 | 왼쪽으로 부딪치고 오른쪽으로 부딪친다.

 왼쪽 좌 부딪칠 충 오른쪽 우 부딪칠 돌

좌충우돌

이 말은 '이리저리 닥치는 대로 부딪친다.', 또는 '아무 사람이나 구분하지 않고 함부로 맞딱뜨린다.'는 뜻입니다. 이렇게 하는 사람은 남과 자주 갈등을 일으키고 화합하기 어렵지요.

102 주마간산 | 말 타고 달리며 산을 바라본다.

走 달릴 주 馬 말 마 看 볼 간 山 메 산

주마간산

말을 타고 달리면서 산천을 구경하게 되면 기분이 좋을 것입니다. 하지만 이 말은 일이 몹시 바쁠 경우에, **'이것저것 자세히 살펴볼 틈도 없이 대충대충 훑어보고 지나친다.'**는 뜻입니다.

103 죽마지우 | 대말을 타고 놀던 옛날의 벗

 대나무 죽 말 마 -의 지 벗 우

죽마지우

'죽마(竹馬)'는 옛날 어린이들이 말처럼 타며 놀던 대나무이므로, 이 말의 뜻은 **'어릴 때부터 같이 놀며 자란 벗'**입니다. '죽마고우(竹馬故友)'도 같은 뜻이지요.

➜ 이 **사자성어의 유래**에 대해서는 **'부록'**을 참고하세요.

104 진퇴양난 | 나아가기도 물러서기도 둘 다 어렵다.

 나아갈 진   물러설 퇴   두 양(량)   어려울 난

진퇴양난

만약, 앞에는 맹수가 뒤에는 낭떠러지가 있는 상황이라면 정말 난감할 것입니다. 이처럼 이 말은 **'이러지도 저러지도 못하는 어려운 처지에 빠지다.'**는 뜻입니다. '궁지에 빠지다.'라는 표현도 이와 같은 뜻이지요.

바로 알고, 바로 쓰는
빵빵한 사자성어

ㅊ~ㅎ

105 천고마비 (天高馬肥)
106 청산유수 (靑山流水)
107 청천벽력 (靑天霹靂)
108 청출어람 (靑出於藍)
109 칠전팔기 (七顚八起)
110 침소봉대 (針小棒大)
111 타산지석 (他山之石)
112 표리부동 (表裏不同)
113 풍비박산 (風飛雹散)
114 풍전등화 (風前燈火)
115 학수고대 (鶴首苦待)
116 혈혈단신 (孑孑單身)
117 호시탐탐 (虎視耽耽)
118 화룡점정 (畵龍點睛)
119 희로애락 (喜怒哀樂)
120 희희낙락 (喜喜樂樂)

105 천고마비

하늘은 높고 말은 살찐다.

天 하늘 천 **高** 높을 고 **馬** 말 마 **肥** 살찔 비

천고마비

이 말은 사람이나 가축들에게 먹을 것이 풍부한 계절, 즉 **'날씨가 맑고 온갖 곡식이 익는 가을철'**을 뜻합니다. 예로부터 우리나라의 가을을 가리켜 '천고마비의 계절'이라고 일컬어 왔지요.

➡ 이 **사자성어의 유래**에 대해서는 **'부록'**을 참고하세요.

바로 알고, 바로 쓰는 빵빵한 사자성어

106 청산유수 | 푸른 산속을 흐르는 물

靑 푸를 청　山 메 산　流 흐를 유(류)　水 물 수

청산유수

산 위에서 내려오는 물은 언제나 막힘없이 강을 향해 흘러갑니다. 이와 같이 이 말은 산속을 흐르는 물줄기처럼 **'사람의 말이 입에서 거침없이 흘러나오는 모습'**을 뜻합니다.

107 청천벽력 | 푸른 하늘에서 치는 날벼락

 푸를 청 하늘 천 벼락 벽 벼락 력

청천벽력

이 말은 맑게 개인 하늘에서 갑자기 떨어지는 벼락과 같이 **'뜻밖에 일어난 큰 사건이나 변고'**를 뜻합니다.

➔ 이 사자성어의 유래에 대해서는 **'부록'**을 참고하세요.

108 청출어람 | 푸른색은 쪽에서 나온다.

 푸를 청 날 출 어조사(에서) 어 藍 쪽 람

청출어람

'쪽이라는 식물에서 뽑아낸 푸른 물감이 쪽보다 더 푸르다.'는 뜻인 '청출어람청어람(青出於藍靑於藍)'이 줄어든 말로, **'제자나 후배가 스승이나 선배보다 낫다.'** 는 뜻입니다.

➜ 이 **사자성어의 유래**에 대해서는 **'부록'**을 참고하세요.

바로 알고, 바로 쓰는 빵빵한 사자성어

109 칠전팔기 | 일곱 번 넘어져도 여덟 번째 일어난다.

七 일곱 칠　顚 넘어질 전　八 여덟 팔　起 일어날 기

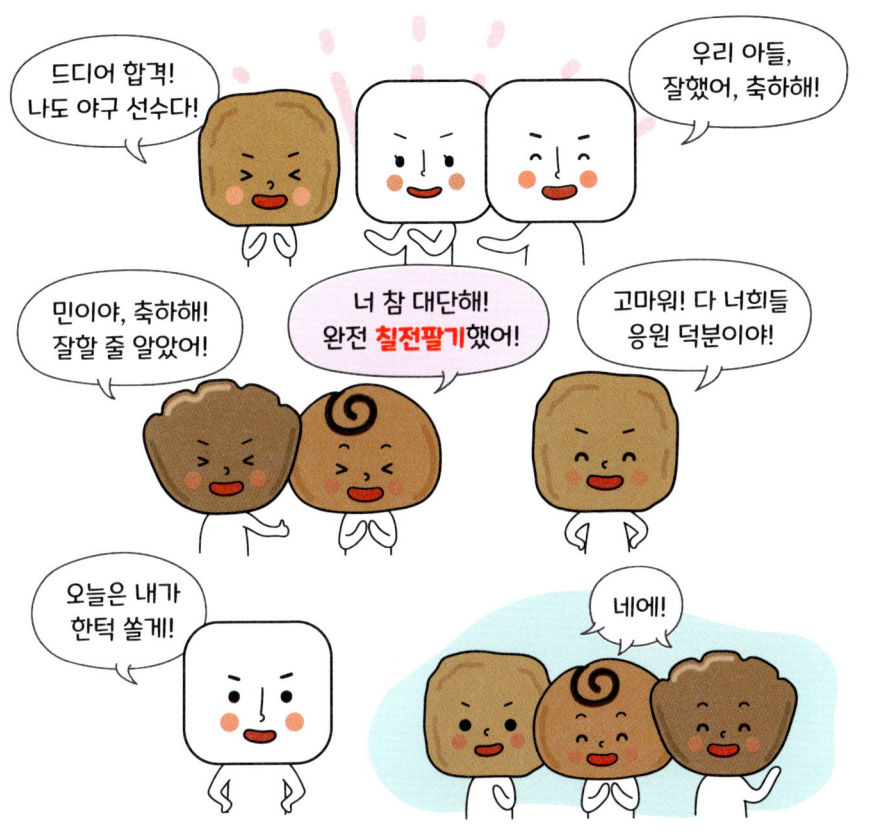

칠전팔기

이 말은 '여러 번 실패해도 굴하지 않고 꾸준히 노력하여 다시 일어선다.'는 뜻입니다. 실패를 거듭하면서도 포기하지 않고 다시 도전하는 정신은 성공의 필수 조건이지요.

바로 알고, 바로 쓰는 빵빵한 사자성어

110 침소봉대 | 바늘 만한 작은 것을 몽둥이처럼 크다고 한다.

針 바늘 침　小 작을 소　棒 몽둥이 봉　大 큰 대

침소봉대

이 말은 **'작은 일을 크게 부풀려 말한다.'**는 뜻입니다. 별것 아닌 일을 큰일인 것처럼 과장하여 떠벌리거나, 사실을 있는 그대로 밝히지 않고 부당한 이익을 위해 고의로 부풀리는 것을 가리키는 말이지요.

바로 알고, 바로 쓰는 빵빵한 사자성어

111 타산지석 | 다른 산의 돌

他 다를 타　山 메 산　之 -의 지　石 돌 석

타산지석

다른 산에 있는 거친 돌이라도 숫돌로 쓰면 자기의 옥돌을 갈아 구슬을 만들 수 있는 것처럼, 이 말은 '**다른 사람의 좋지 않은 언행도 자기의 인격을 닦는 데 도움이 될 수 있다.**'는 뜻입니다.

➔ 이 **사자성어의 유래**에 대해서는 '**부록**'을 참고하세요.

112 표리부동 | 겉과 속이 같지 않다.

表 겉 표　裏 속 리　不 아닐 부　同 같을 동

표리부동

이 말은 **'겉으로 드러나는 말과 행동이 속마음과 다르다.'**는 뜻입니다. 흔히 겉으로는 훌륭해 보이나 속은 그렇지 못한 경우, 또는 앞에서는 잘 따르면서도 뒤에서는 비방하고 배신하는 경우처럼 진실되지 못한 사람을 가리킬 때 쓰이는 말이지요.

113 풍비박산

바람이 불고 우박이 흩어진다.

風 바람 풍　飛 날 비　雹 우박 박　散 흩을 산

풍비박산

이 말은 한 조직이나 어떤 구조물이 **'엉망으로 깨어져 사방으로 흩어진다.'**는 뜻입니다. 전투에서 패배한 군인들이 쫓기며 사방으로 흩어지는 모습과도 같지요. (※가끔 '풍지박산'으로 쓰는 경우가 있는데, 이는 잘못된 표현임.)

114 풍전등화 | 바람 앞의 등불

風 바람 풍 前 앞 전 燈 등잔 등 火 불 화

풍전등화

이 말은 등잔불이나 촛불이 바람 앞에서 언제 꺼질지 모르게 흔들리는 모습처럼, **'개인이나 집단의 운명이 매우 위태로운 처지에 놓여 있는 상태'**를 뜻합니다. '나라의 운명이 풍전등화와 같다.'와 같이 쓰이지요.

115 학수고대 | 학의 목을 하고 힘들게 기다린다.

학 학 머리 수 힘쓸 고 기다릴 대

학수고대

사람들은 무엇인가를 몹시 기다릴 때 '목이 빠져라 기다린다.'고 말합니다. 이런 표현과 같이 이 말은 **'학의 목처럼 목을 길게 빼고 간절하게 기다린다.'**는 뜻입니다.

116 혈혈단신 | 외로운 홑몸

孑 외로울 혈　孑 외로울 혈　單 홑 단　身 몸 신

혈혈단신

이 말은 함께 고통을 나눌 가족이나 친척, 친구 하나도 없는 사람, 즉 '**의지할 데 라곤 없이 오직 자신뿐인 외로운 사람**'을 뜻합니다. 혼자 살아가는 사람의 외롭고 힘든 삶을 나타내는 표현으로 많이 쓰이지요.

117 호시탐탐

범이 눈을 부릅뜨고 먹이를 노려본다.

虎 범 호　視 볼 시　眈 노려볼 탐　眈 노려볼 탐

호시탐탐

이 말은 범이 먹잇감을 잡을 기회를 엿보며 노려보듯이, **'주변의 형세를 살피며 목표물을 공격할 기회를 노리고 있다.'**는 뜻입니다.

➜ 이 **사자성어의 유래**에 대해서는 **'부록'**을 참고하세요.

118 화룡점정 | 용을 그리고 마지막으로 눈동자를 찍어 넣다.

畫 그릴 화 龍 용 룡(용) 點 점찍을 점 睛 눈동자 정

화룡점정

이 말은 어떤 일을 할 때 **'가장 중요한 부분을 마무리하여 일을 완벽하게 마친다.'** 는 뜻입니다.

➡ 이 **사자성어의 유래**에 대해서는 **'부록'**을 참고하세요.

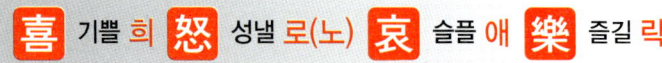

희로애락

이 말은 '세상을 살아가면서 겪는 온갖 일을 통하여 느끼는 사람의 모든 감정'을 뜻합니다. 인생 경험이 많은 어르신들이 많이 쓰는 말로, 누구나 살다 보면 겪게 되는 감정들이지요.

120 희희낙락 | 매우 기뻐하고 즐거워하다.

 기쁠 희 기쁠 희 즐길 낙(락) 즐길 낙(락)

탁탁탁

이상하다. 왜 이렇게 조용한 거지? 까먹었나…?

에이, 다들 나빴어!

쉿… 그리가 엄청 화난 것 같은데?

저러다가 울기라도 하면 어쩌나?

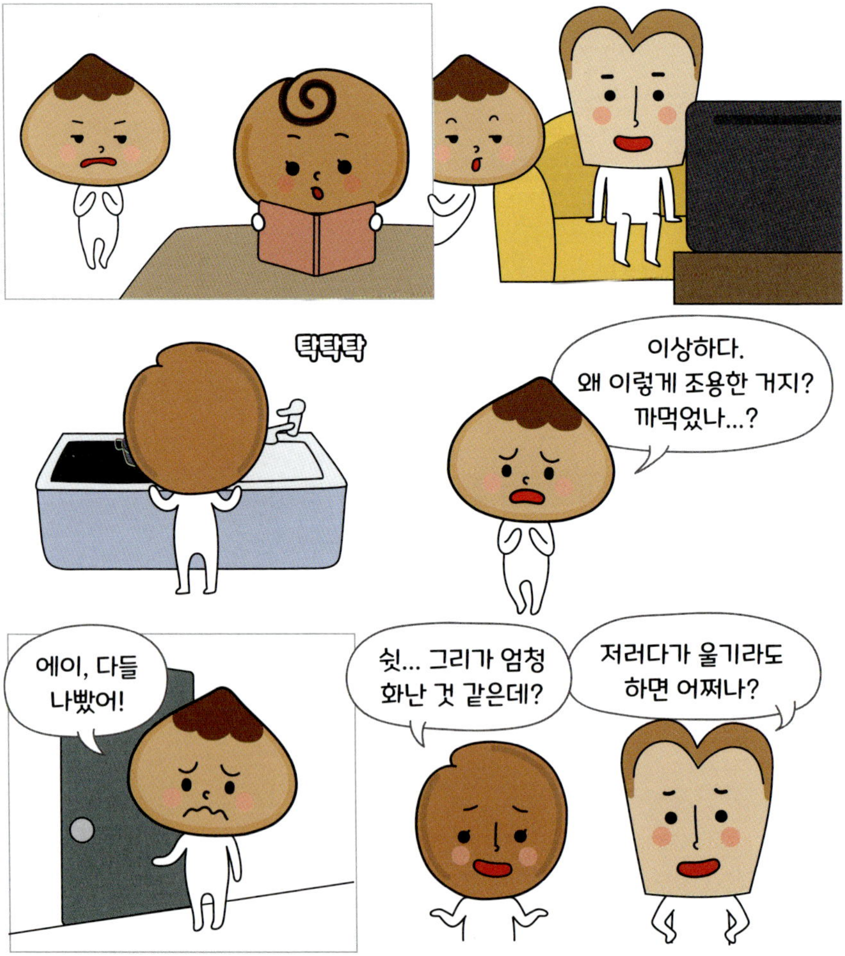

희희낙락

여기서는 '기쁠 희(喜)' 자와 '즐길 락(樂)' 자를 겹쳐 썼는데, 한자말에서 이렇게 같은 글자를 겹쳐서 쓰면 강조의 의미가 됩니다. 그래서 이 말은 글자 그대로, **'매우 기뻐하고 즐거워하다.'**는 뜻입니다. 매우 행복하거나 좋은 일이 생겼을 경우에 쓰는 말이지요.

부록

바로 알고, 바로 쓰는
빵빵한 사자성어 유래

사자성어 유래

05 견리사의 見利思義

중국의 대유학자인 공자(孔子)가 제자인 자로(子路)에게 한 말로, 「논어(論語)」의 '헌문편(憲問篇)'에 나옵니다. "이익을 보면 의로움을 생각하고, 위태로울 때는 목숨을 바치는 것이 성인이다."

07 견위수명 見危授命

중국의 대유학자인 공자(孔子)가 제자인 자로(子路)에게 한 말로, 「논어(論語)」의 '헌문편(憲問篇)'에 나옵니다. "이익을 보면 의로움을 생각하고, 위태로울 때는 목숨을 바치는 것이 성인이다."

08 결초보은 結草報恩

중국의 「춘추좌씨전(春秋左氏傳)」이란 책에 실린 이야기입니다. '진(晉)나라의 위과(魏顆)는 자기 부친이 죽은 후 부친의 첩을 결혼시켜 '순장(남편 따라 죽는 풍습)'을 막아 주었다. 그 뒤 위과가 전쟁에 나갔을 때, 그 여자 부친의 혼이 적의 앞길에 풀을 묶어 적장을 넘어뜨려 사로잡게 하여 위과가 공을 세우도록 도와주었다.'

11 과유불급 過猶不及

중국의 대유학자인 공자(孔子)가 제자인 자공(子貢)에게 한 말로, 「논어(論語)」의 '선진편(先進篇)'에 나옵니다.

12 괄목상대 刮目相對

「삼국지(三國志)」에 나오는 손권(孫權)의 부하인 여몽(呂蒙)이 한 말입니다. "선비란 헤어진 지 사흘만 지나면 눈을 비비고 다시 바라볼 정도로 달라지는 법이다."

14 군계일학 群鷄一鶴

중국 진(晉)나라 역사책인 「진서(晉書)」의 '혜소전(嵇紹傳)'에 나오는 이야기로, 위나라 때의 선비인 혜강(嵇康)의 아들 혜소가 벼슬을 받아 걸어가는 모습을 본 혜강의 친구는 이렇게 말했다고 합니다. "혜소는 자세가 의젓하고 잘생겨서 마치 닭의 무리 속에 한 마리의 학이 내려앉은 것 같다."

15 권선징악 勸善懲惡

중국의 「춘추좌씨전(春秋左氏傳)」이란 책에 나오는 말입니다. '공자(孔子)는 악을 징계하고 선을 권장하는 뜻으로, 사실을 왜곡하지 않고 「춘추(春秋)」라는 역사책을 썼다.'

16 금상첨화 錦上添花

중국 송(宋)나라 때 왕안석(王安石)이 지은 시 '즉사(卽事)'에 나오는 구절입니다. '아름다운 촛대 술잔 속 맑은 술 따라 마시고, 즐거운 노랫가락 비단 위에 꽃을 더하네.'

18 금의환향 錦衣還鄉

중국 한(漢)나라 때 사마천(司馬遷)이 쓴 역사책인 「사기(史記)」의 '항우열전(項羽列傳)'에 나오는 항우(項羽)의 말입니다. "내가 공을 세웠는데 고향에 돌아가 자랑하지 않으면 비단옷을 입고 밤에 돌아다니는

사자성어 유래

꼴이 아니고 무엇인가? 비단옷을 입었으면 고향으로 돌아가는 것이 마땅하다."

19 기사회생 起死回生

중국 진(秦)나라의「여씨춘추(呂氏春秋)」란 책에, 노(魯)나라 사람 공손작(公孫綽)이 이렇게 말했다고 합니다. "반신불수를 고치는 약을 배로 늘리면 그것으로 죽은 사람을 살릴 것이다."

20 난형난제 難兄難弟

중국 송(宋)나라의 유의경(劉義慶)이 펴낸「세설신어(世說新語)」의 '방정편(方正篇)'에 실린 이야기입니다. '후한(後漢)의 덕망 높은 학자인 진식(陳寔)의 어린 손자 진군(陳群)과 진충(陳忠)은 서로 자기 아버지가 더 훌륭하다고 우기다가 할아버지에게 묻자, 진식은 '형이 낫다고 하기도 어렵고 아우가 낫다고 하기도 어렵구나.'라고 대답했다.'

21 노심초사 勞心焦思

중국 한(漢)나라 때 사마천(司馬遷)이 쓴 역사책인「사기(史記)」에, 하(夏)나라 우(禹) 임금이 이렇게 말했다고 합니다. "선친께서 공을 이루지 못하고 죽임을 당한 것이 마음 아파 노심초사하면서 13년을 밖에서 지냈다."

22 다다익선 多多益善

중국 한(漢)나라 때 사마천(司馬遷)이 쓴 역사책인「사기(史記)」의 '회음후열전(淮陰候列傳)'에, 한(漢)나라의 장수 한신(韓信)이 고조(高

祖)에게 이렇게 말했다고 합니다. "폐하께서는 10만 정도의 병사를 지휘할 수 있지만, 저는 다다익선입니다.(병사의 수가 많을수록 잘 지휘할 수 있다.)"

24 대기만성 大器晩成

중국의 유명한 경전인 「노자(老子)」 41장에 나오는 말로, 중국 위(魏)나라의 최염(崔琰) 장군은 출세가 늦은 사촌동생 최림(崔林)의 능력을 알아보고 '너는 대기만성형'이라고 말했답니다. 후에 그는 크게 성공했습니다.

28 동병상련 同病相憐

중국의 「오월춘추(吳越春秋)」란 책의 '합려내전(闔閭內傳)' 부분에, 오자서(伍子胥)란 벼슬아치는 초나라에서 망명해 온 백비란 사람을 '동병상련'의 마음으로 도와주었다고 합니다.

30 두문불출 杜門不出

이성계가 조선을 건국하자, 이에 반대하는 고려의 신하들이 관직을 거부하고 경기도 개풍군에 있는 '두문동(杜門洞)' 골짜기에 숨어 바깥 출입하지 않다가 불에 타 죽었다는 이야기가 전해집니다.

31 마이동풍 馬耳東風

중국 당(唐)나라의 유명한 시인 이태백(李太白)이 아무리 좋은 글을 써도 알아주지 않는 시대를 한탄하며 쓴 시의 한 구절입니다. '봄바람이 말의 귀를 스치는데도, 말의 귀는 봄바람을 전혀 느끼지 못하는구나.'

▌사자성어 유래

34 문전성시 門前成市

중국의 「한서(漢書)」란 책의 '정숭전(鄭崇傳)'에, 충신이었던 정숭이 모함을 받자 황제에게 이렇게 말했다고 합니다. "저의 집 문 앞이 시장과 같을지라도 저의 마음은 물과 같습니다."

38 백년해로 百年偕老

중국에서 가장 오래된 시집인 「시경(詩經)」의 '격고(擊鼓)'에, 전쟁터에서 고향의 아내를 그리워하는 한 병사의 노래가 나옵니다. '죽거나 살거나 함께 고생하자며 당신과 굳게 언약하였네. 고운 손 부여잡고 오순도순 해로(偕老)하자고.'

39 백발백중 百發百中

중국 한(漢)나라 때 사마천(司馬遷)이 쓴 역사책인 「사기(史記)」의 '주본기(周本紀)'에, '초(超)나라의 양유기(養由基)란 사람이 버드나무 잎을 백 보 떨어진 거리에서 백 번 쏘아 백 번 맞혔다.'는 이야기가 나옵니다.

42 사면초가 四面楚歌

중국 한(漢)나라 때 사마천(司馬遷)이 쓴 역사책인 「사기(史記)」의 '항우본기(項羽本紀)'에 나오는 이야기입니다. '초(楚)나라의 항우는 사면을 둘러싸고 포위한 한나라 군사 쪽에서 들려오는 초나라의 노랫소리를 듣고 초나라 군사가 이미 항복한 줄 알고 탄식했다.'

46 살신성인 殺身成仁

중국의 대유학자인 공자(孔子)가 「논어(論語)」의 '위령공편(衛靈公篇)'에서 한 말입니다. "뜻 있는 선비와 어진 사람은 살기 위하여 인(仁)을 해치는 일이 없고, 오히려 자신의 목숨을 바쳐 인(仁)을 행한다."

47 삼고초려 三顧草廬

중국 명(明)나라의 작가인 나관중(羅貫中)의 「삼국지연의(三國志演義)」에 나오는 이야기로, 삼국시대에 촉한(蜀漢)의 유비(劉備)가 난양에 은거하던 제갈량(諸葛亮)의 농막집으로 세 번이나 찾아가서 그를 군대의 우두머리로 맞아들였다고 합니다.

49 새옹지마 塞翁之馬

중국 옛 철학책인 「회남자(淮南子)」의 '인간훈(人間訓)'에 나오는 이야기입니다. '변방에 사는 노인이 자신의 말이 달아나는 바람에 낙심했는데, 후에 그 말이 준마 한 마리를 끌고 와 좋아했다. 아들이 그 준마를 타다 떨어져 다리가 부러져 노인이 다시 걱정했는데, 그 덕에 아들은 전쟁에 나가지 않고 죽음을 피할 수 있었다.'

63 어부지리 漁父之利

중국 한(漢)나라의 유향(劉向)이 편찬한 「전국책(戰國策)」에 실린 이야기로, 연(燕)나라의 소대(蘇代)가 조(趙)나라 혜문왕을 찾아가 전쟁을 일으키지 않도록 설득할 때 예로 든 우화입니다. '강가에 큰 조개가 입을 벌리고 있는데 도요새가 조갯살을 쪼았다. 놀란 조개가 입을 다물자 도요새 부리는 조개 입 속에 꼭 끼어 버렸고, 마침 어부가 이 광경을 보고

▌사자성어 유래

달려와 조개와 도요새 둘 다 잡아갔다.'

66 역지사지 易地思之

중국의 대유학자인 맹자(孟子)는, "우(禹)와 직(稷)과 안자(顔子)는 처지를 바꾸면 다 그렇게 했을 것이다."라고 말했습니다. 「맹자(孟子)」의 '이루장(離婁章), 하'에 나옵니다.

67 오리무중 五里霧中

중국 「후한서(後漢書)」의 '장해전(張楷傳)'에 나오는 이야기로, 장해라는 사람이 도술을 부려 '오리무'(오 리에 걸친 안개)를 만들어 자신을 찾아오는 사람들을 피했다고 합니다.

68 오매불망 寤寐不忘

중국에서 가장 오래된 시집인 「시경(詩經)」의 첫머리에 실려 있는 '관저(關雎)'라는 시에 나오는 구절입니다. '아리따운 아가씨, 자나 깨나 그리네.'

69 오비이락 烏飛梨落

조선 인조 때의 학자 홍만종(洪萬宗)의 평론집인 「순오지(旬五志)」에 실려 있습니다.

70 온고지신 溫故知新

중국의 대유학자인 공자(孔子)가 「논어(論語)」의 '위정편(爲政篇)'에서 한 말입니다. "옛것을 학습하여 새것을 아는 사람이라면 남의 스승이 될 만하다."

72 용두사미 龍頭蛇尾

중국 송(宋)나라의 불교 책인 「전등록(傳燈錄)」에, 용흥사(龍興寺)의 진존자(陳尊者)라는 스님이 큰소리치는 어떤 스님에게 한 말이라고 전해집니다. "이 중은 자신을 용과 같은 기품으로 보이려고 하지만, 아무래도 진짜는 아닌 것 같다. 아마도 용두사미에 불과할 것이다."

76 우이독경 牛耳讀經

조선 시대의 속담집인 「동언해(東言解)」에는 '우이송경(牛耳誦經)'으로 실려 있습니다.

78 유비무환 有備無患

중국의 가장 오래된 유학 경전인 「서경(書經)」의 '열명편(說命篇)'에, 은(殷)나라의 '부열(傅說)'이란 신하가 임금에게 한 말로 전해집니다. "모든 일은 다 그 갖춘 것이 있는 법이니, 갖춘 것이 있어야만 근심이 없게 될 것입니다."

81 의기양양 意氣揚揚

중국 한(漢)나라 때 사마천(司馬遷)이 쓴 역사책인 「사기(史記)」의 '관안열전(管晏列傳)'에, 제(齊)나라 재상인 안영(晏嬰)의 마부가 '큰 우산 아래서 채찍질하며 네 필의 말을 모는데, 의기양양하여 매우 흡족한 모습이었다.'고 전해집니다.

사자성어 유래

83 이심전심 以心傳心

중국 송(宋)나라 때의 불교 책인 「전등록傳燈錄」에 나오는 말입니다. '마음에서 마음으로 전하고 등불에서 등불로 전한다.'

84 인과응보 因果應報

불교에서는, 생명체의 현재의 삶(현생)은 과거의 행위(전생)로 인하여 나타난 결과이며, 현생의 행위가 원인이 되어 그 결과로 미래의 삶(후생)이 나타나는데, 이러한 '전생-현생-후생'의 삶이 끊임없이 반복된다고 합니다. 이것이 '윤회(輪回)' 사상입니다.

88 일취월장 日就月將

중국에서 가장 오래된 시집인 「시경(詩經)」에 실린 '경지(敬之)'라는 시에 나오는 구절입니다. '나 소자가 총명하지 못하여 공경하지 못하나, 나날이 이루고 다달이 나아가 배움이 이어 밝혀 광명함에 이르려 한다.'

89 일편단심 一片丹心

고려 말의 충신이었던 정몽주(鄭夢周)가 고려에 대한 충절을 노래한 시조 '단심가(丹心歌)'에 나오는 구절입니다. '임 향한 일편단심이야 가실 줄이 있으랴.' 이렇게 노래한 정몽주는 이방원 일파에 의해 목숨을 잃게 됩니다.

90 임기응변 臨機應變

중국 진(晉)나라 역사책인 「진서(晉書)」의 '손초전(孫楚傳)'에, 손초란 사람은 '나라와 백성을 다스리는 방책이 뛰어났고, 임기응변이 무궁하였다.'고 전해집니다.

94 자포자기 自暴自棄

중국의 대유학자인 맹자(孟子)는 "스스로를 해치는 자는 함께 진리를 말할 수 없고, 스스로를 버리는 자는 함께 진리를 행할 수 없다."라고 말했는데, 「맹자(孟子)」의 '이루장(離婁章)'에 나옵니다.

98 전전긍긍 戰戰兢兢

중국에서 가장 오래된 시집인 「시경(詩經)」에 실린 '소민(小旻)'이란 시에 나오는 구절입니다. '맨손으로 호랑이를 잡지 못하고 걸어서 황하를 건너지 못하네. …… 두려워서 벌벌 떨며 조심하기를 깊은 연못에 임한 것 같이 하고 살얼음 밟듯이 해야 하네.'

99 전화위복 轉禍爲福

중국 한(漢)나라 때 사마천(司馬遷)이 쓴 역사책인 「사기(史記)」의 '열전(列傳)'에서 관중(管仲)을 이렇게 평했다고 합니다. '정치의 실재 면에 있어, 번번이 화를 전환시켜 복으로 만들고 실패를 전환시켜 성공으로 이끌었다.'

100 좌불안석 坐不安席

중국 한(漢)나라 때 사마천(司馬遷)이 쓴 역사책인 「사기(史記)」의 '항우본기(項羽本紀)'에, 초(楚)나라 항우가 "우리 나라 군대가 막 격파 당해 왕께서 좌불안석인 상황이다."라고 말했다고 전해집니다.

사자성어 유래

103 죽마지우 竹馬之友

중국 진(晉)나라 역사책인 「진서(晉書)」의 '은호전(殷浩傳)'에, 은호의 친구 환온(桓溫)이 이렇게 말했다고 합니다. "나는 어릴 때 은호와 함께 죽마를 타고 놀았는데, 은호는 내가 타다 버린 죽마를 주워서 노는 아이였다."

105 천고마비 天高馬肥

중국 당(唐)나라 초의 시인 두심언(杜審言)의 시에 '추고새마비(秋高塞馬肥): 가을 하늘이 높으니 변방의 말이 살찌는구나.'란 말이 나옵니다. 또, 「한서(漢書)」의 '흉노전(匈奴傳)'에는 '천고마비의 가을은 흉노족이 쳐들어오기 좋은 위험한 계절이니 조심해야 한다.'라는 기록이 있습니다.

107 청천벽력 靑天霹靂

중국 송(宋)나라의 시인 육유(陸游)의 「검남시고(劍南詩稿)」에 나오는 시의 한 구절입니다. '병으로 가을을 지내고 홀연히 일어나 취하여 글을 쓰니, 정히 오래 움츠렸던 용과 같이 푸른 하늘에 벼락을 치네.'

108 청출어람 靑出於藍

중국의 이름난 학자인 순자(荀子)의 사상을 기록한 책 「순자(荀子)」의 '권학편(勸學篇)'에 나오는 말입니다. '푸른색은 쪽에서 취했으나 쪽빛보다 더 푸르고, 얼음은 물이 이루었으나 물보다 더 차다.'

111 타산지석 他山之石

중국에서 가장 오래된 시집인 「시경(詩經)」에 실린 '학명(鶴鳴)'이라는 시에 나오는 구절입니다. '다른 산의 못생긴 돌이라도 그것으로 구슬을 갈 수 있다네.'

117 호시탐탐 虎視耽耽

유학 오경(五經)의 하나인 「주역(周易)」의 '이괘편(頤卦篇)'에 나오는 말입니다. '호시탐탐하여 그 욕심을 쫓아가면 허물이 없다.'

118 화룡점정 畵龍點睛

중국 당(唐)나라의 「역대명화기(歷代名畵記)」란 책에 실린 이야기입니다. '양(梁)나라의 장승요(張僧繇)가 금릉(金陵)에 있는 안락사(安樂寺)의 벽에 용 두 마리를 그렸는데, 마지막으로 용 한 마리에 눈동자를 그려 넣었더니 갑자기 용이 벽을 차고 하늘로 올라가 버렸고, 눈동자를 그리지 않은 용은 그대로 남아 있었다.'

바로 알고, 바로 쓰는
빵빵한 사자성어